초등 사회 진짜 문해력 6-1

창비

머리말

《초등 사회 진짜 문해력》을 펼친 여러분을 환영합니다! 낯선 곳에 갈 때 친구나 선생님과 함께 간다면 어떤 마음이 들까요? 선생님들은 어렵다고 느꼈던 **사회를 쉽고 알차게 만날 수 있도록 돕는 길동무 같은 책**이 되길 바라는 마음으로 이 책을 만들었어요.

'사회 교과서'라고 하면 여러분은 어떤 생각이 떠오르나요? 다양한 생각이 떠오를 수 있어요. 선생님이 교실에서 물어보면 어렵고 딱딱하다고 답하는 친구들이 많았어요. 그건 정치부터 경제, 지리, 역사, 법 등등 사회 교과서에서 다루는 내용들이 다양하고 많아서일 수 있어요. 또 교과서에는 분명 설명이 쓰여 있지만 단 한 줄로만 정리되어 있어서 자세하지도 친절하지도 않은 것 같은 느낌이 들기 때문일 수도 있고요. 그러다 보니 당황스러울 때가 있었을 거예요. 하나하나 다 물어보기도 그렇고, '혹시 나만 모르는 것은 아닐까?'라는 생각을 할 수도 있잖아요. 실제로 이런 경우가 참 많답니다.

사실 교과서는 책의 분량이 정해져 있어서 친절하고 자세한 설명을 모두 담기 어려워요. 이건 학생들뿐만 아니라 교과서로 직접 여러분을 가르치시는 선생님들도 아쉬워하는 부분이랍니다. 그래서 이 책을 쓴 선생님들은 이런 상황을 어떻게 풀어 보면 좋을지 고민했어요.

만약 **선생님이 여러분 곁에서 실제 수업을 하듯이 차근차근** 교과서에서 다룰 핵심 내용들을 안내해 주면 어떨까요? 이 책을 함께 쓴 선생님들은 여러분 또래 친구들이 어려워하는 부분들을 수업에서 찾고, 생생한 사례를 생활 속에서 모으기 시작했어요. 그리고 그것을 책으로 담아내었어요.

책을 읽다 보면 왜 그런 개념이 나왔는지 자연스럽게 **여러분 스스로 생각하고, 내용을 이해할 수 있을 거예요.** 무엇보다 사회는 우리가 평소 살아가는 생생한 생활 이야기를 담고 있기 때문이에요. 시장과 마트 등에서 물건을 사고, 스마트폰을 사용하고, 교통수단을 이용하는 등등 생생한 이야기들이 바로 사회이기 때문이지요. 우리가 살아가는 세상 이야기와 또 재밌는 역사 이야기 등을 나누면서 열어 간 수업을 **교과서 진도에 맞춰 학년과 학기에 맞춰** 책으로 펼쳐 내었어요. 이 책과 함께 하면 사회 교과서를 읽을 때 살아 숨 쉬는 세상과 마주할 수 있을 거예요. 그래서 이 책의 이름을 《초등 사회 진짜 문해력》이라고 이름 붙였어요.

요즘 문해력이라는 말이 우리나라뿐만 아니라 세계적으로 널리 사용되며 주목받고 있답니다. 문해력은 글을 읽고 이해하는 능력이라는 뜻이에요. 한글은 누구나 쉽게 배워 익힐 수 있게 만든 문자이지요. 덕분에 우리는 쉽게 글을 읽고 쓸 수 있어요. 하지만 정작 현재 사회 교과서의 글은 그 내용이 과연 어떤 것인지 쉽게 파악하기 어려워요. 그 안에는 정치, 경제, 사회, 문화, 역사, 지리 같이 다양한 내용들을 압축해서 담았기 때문이에요. 어렵고 딱딱하게 느껴진 **사회 교과서를 여러**

분이 진짜 제대로 읽고 이해할 수 있도록 하는 '사회 문해력'을 키우는 것이 이 책의 목표예요.

실제로 이 책을 쓴 선생님들은 직접 여러분들이 학교에서 마주했던 사회 교과서와 지역 교과서 등을 집필하였고, 다채로운 수업을 열어 왔어요. 또 전국의 선생님들과 10여 년 넘게 꾸준히 모여 연구하면서, 지금 이 시간에도 여러분 또래 친구들과 함께하고 있답니다. 여러분이 이 책을 즐겁게 읽으며 생활 속 생생한 이야기로 마련된 사회 과목에 흥미를 느끼면 좋겠어요. 이 책을 벗 삼아 세상의 주인공으로 여러분이 성장하길 응원하면서 인사드립니다.

머리말 • 5

1. 우리나라의 정치 발전

민주주의의 발전과 시민 참여 • 13
문해력 튼튼 • 30

일상생활과 민주주의 • 35
문해력 튼튼 • 46

민주 정치의 원리와 국가 기관의 역할 • 51
문해력 튼튼 • 66

한눈에 읽는 개념 지도 • 70

2. 우리나라의 경제 발전

우리나라 경제 체제의 특징 • 75
문해력 튼튼 • 90

우리나라의 경제 성장 • 95
문해력 튼튼 • 121

세계 속의 우리나라 경제 • 127
문해력 튼튼 • 144

한눈에 읽는 개념 지도 • 148

문해력 쏙쏙 모아 보기 • 150
찾아보기 • 153
출처 및 참고 자료 • 156

1

우리나라의 정치 발전

민주주의의 발전과 시민 참여

여러분 주위에 있는 물건들을 둘러보세요. 책, 가방, 연필, 스마트폰 등등 저마다의 주인이 누군지 알 수 있을 거예요. 그렇다면 우리가 살고 있는 '대한민국'도 주인이 있을까요?

물론 있어요. 대한민국의 주인은 대통령이 아니라 바로 국민이에요. 왜냐고요? 대한민국은 민주주의 국가거든요. 이 책을 읽고 있는 여러분도 대한민국의 주인이랍니다.

민주주의란 국민이 나라의 주인이 되고 국민의 뜻에 따라 나라를 다스리는 정치 제도를 뜻해요. 국민은 나라의 주인으로서 권리를 갖고, 그 권리를 자유롭고 평등하게 행사할 수 있지요.

 우리나라 민주주의의 발전은 쉽게 얻은 것이 아니었어요. 사람들의 엄청난 노력이 있었지요. 위의 사진을 함께 볼까요? 초등학생들이 거리로 나와 시위를 하고 있어요. 사진 속 현수막을 보면 "부모 형제들에게 총부리를 들이대지 말라!"는 글귀가 있어요. 도대체 어떤 일이 일어난 것일까요?

 이 사진은 1960년 서울에서 수송초등학교의 학생들이 시위에 참여한 모습이에요. 시위에 참여한 사람들이 군인들에 의해 다치거나 목숨을 잃자 어린이들이 "우리 가족과 친구들에게 총을 쏘지 마세요!"라고 목 놓아 외치는 모습이지요. 이 모습을 보면서 시민들은 눈물을 흘리며 시위에 함께했어요.

　1960년 4월에는 서울뿐만 아니라 전국 방방곡곡에서 시위가 펼쳐졌어요. 이승만 정부가 장기 *집권을 하기 위해 벌인 각종 부정부패 때문이었어요. 이승만은 *헌법을 바꾸면서까지 대통령을 계속 하고 싶어 했어요. 1960년 3월 15일에 치러진 정부통령 *선거를 이기기 위해 부정 선거까지 시도했지요.

　당시 부정 선거는 상상을 초월하는 방법들로 실행되었어요. 투표함에 미리 투표지를 넣어 두거나 세 명 또는 아홉 명이 투표장에 함께 들어가게 해서 자유롭게 투표할 수 없게 했지요. 심지어 투표소 주변에 *완장을 찬 사람들을 세워 두고서는 겁을 주기도 하고, 투표함까지 몰래 바꿔치기 하기도 했어요.

　전국 각지에서는 대대적인 부정 선거를 *규탄하는 시위가 일어났어요. 이 과정에서 이승만 정부는 폭력적으

★ 집권　권세나 정권을 잡는 것을 말해요.
★ 헌법　나라의 으뜸가는 법이에요.
★ 선거　모임 또는 단체를 대표하거나 일을 맡아 할 사람을 뽑는 것을 뜻해요..
★ 완장　신분이나 지위를 나타내려고 팔에 두르는 띠예요.
★ 규탄하다　잘못된 점을 잡아내고 따진다는 뜻이에요.

부정 선거의 사례

로 시위대를 진압했고, 이로 인해 수많은 사람들이 다치고 심지어 목숨을 잃었답니다.

그러던 중 고등학생 김주열이 마산 앞바다에서 죽은 채로 발견되는 사건이 일어났어요. 마산에서 부정 선거 규탄 시위에 참여한 김주열은 군대가 쏜 최루탄에 맞아 목숨을 잃었고, 정부는 이 사실을 숨기기 위해 시신을 마산 앞바다에 몰래 옮긴 것이었죠.

전국에서 학생들과 시민들은 분노했고 더욱 거세게 정

부에 항의했어요. 초등학생들도 위험을 무릅쓰고 거리로 나와 시위를 했지요. 제자들의 죽음에 대학 교수들도 거리에 나와 이승만 대통령에게 자리에서 물러날 것을 요구했어요.

결국 이와 같은 국민적 저항에 이승만의 *독재 정권은 무너지고, 이승만은 대통령직에서 물러났어요. 가장 큰 시위가 일어났던 4월 19일, 많은 사람들의 희생 속에서 우리나라는 민주주의를 되찾았기에 4·19 혁명이라고 부르며 역사적으로 기념하고 있답니다.

우리나라 헌법 *전문을 보면 이런 내용이 있어요.

"유구한 역사와 전통에 빛나는 우리 대한국민은 3·1 운동으로 건립된 대한민국 임시 정부의 법통과 불의에 항거한 4·19 민주 이념을 계승하고······."

4·19 혁명은 시민들이 독재 권력을 무너뜨린 혁명으로 우리나라뿐만 아니라 전 세계 민주주의 역사에 널리 소개되고 있는 자랑스러운 우리 역사예요. 자유와 정의를 위

✱ **독재** 한 사람이나 무리가 권력을 잡고 나랏일을 마음대로 하는 것을 뜻해요.
✱ **전문** 법령을 적은 조항 앞에 있는 글이에요. 법령을 만든 목적이나 기본 원칙 등을 담고 있어요.

해 거리로 나선 학생들과 시민들의 정신은 이렇게 우리나라 헌법 전문에도 기록되어 전해지고 있는 것이지요.

 문해력 쏙쏙

4 · 1 9 ㅎ ㅁ 은 시민들이 독재 권력을 무너뜨린 혁명으로 우리나라뿐만 아니라 전 세계 ㅁ ㅈ ㅈ ㅇ 역사에 널리 소개되고 있는 자랑스러운 우리 역사다.

　세계 유산은 세계적으로 그 가치가 뛰어나서 보호해야 할 것들을 말해요. 세계 유산 하면 떠오르는 몇몇의 이미지가 있을 거예요. 수원 화성, 경주 불국사, 고창 고인돌 등 아주 오래 전 사람들의 자취가 느껴지는 것들이지요. 그런데 이 세계 유산 가운데 1980년에 한 고등학생이 쓴 일기가 있다는 것을 알고 있나요? 평범한 일기가 어떠한 이유로 세계적으로 보전해야 할 유산이 된 것일까요?
　'지금 이곳에서 일어나는 일들을 이렇게 기록으로 남깁니다.' 유네스코 세계 기록 유산이 된 일기의 한 구절이에요. 이 일기에는 민주주의를 지키기 위해 노력했던 역사가 고스란히 담겨 있답니다.

1980년 광주에서는 믿기지 않는 일들이 일어났어요. 군인들이 시민들을 향해 총을 쏘면서 공격한 거예요. 총소리에 전쟁이 난 줄 착각한 사람들도 있었다고 해요. 알고 보니 전두환을 중심으로 한 군인들이 정권을 잡으려고 벌인 일이었어요.

 전두환은 1979년 12월 12일에 자신을 따르는 군인들과 군사 *반란을 일으켜 권력을 잡았어요. 당시는 박정희 대통령이 갑자기 목숨을 잃고 난 후여서 국민들이 민주주의에 대한 기대가 컸을 때였어요. 군사 반란으로 권력을 잡았던 박정희 정부가 무려 18년 동안 장기 집권을 했었거든요. 그런데 또 군사 반란으로 전두환 정부가 들어서게 된 것이지요.

 이에 반대하는 사람들이 모여 민주화 운동이 일어났어요. 1980년 5월 18일, 광주에 있는 전남대학교 학생들은 학교에 들이닥친 군인들을 보고 물러나라고 외쳤어요. 군인들은 오히려 학생들과 이를 말리던 시민들에게 무자비한 폭력을 저질렀어요. 수백 명이 넘는 학생과 시민이

★ **반란** 나라나 단체에서 정부나 지도자를 몰아내려고 일으키는 싸움을 말해요.

군인들에게 끌려갔고 병원은 사망자와 부상자들로 넘쳐 났어요.

하지만 이 소식은 광주 이외의 곳에는 알려지지 않았어요. 군사 정권이 다른 지역과 연결된 통신을 모두 끊고 도로까지 막아서 광주에서 어떤 일이 벌어지는지 밖으로 새어 나가지 못하게 했거든요. 1980년 5월의 광주는 외딴섬처럼 *고립되었어요.

군인들의 폭력과 군사 정권에 분노한 광주 시민들은 자체적으로 시민군을 만들어 군인들과 맞서 싸웠어요. 시민군의 강력한 저항으로 잠시동안 군인들이 물러나기도 했지요. 하지만 5월 27일 새벽, 군인들은 탱크와 헬기를 몰고 와 시민군을 더욱 무참히 공격하면서 상황은 끝이 났어요.

군사 정권의 폭력으로 엄청난 피해를 입었지만, 광주 시민들은 어려운 상황 속에서도 훌륭한 공동체 정신을 실천했어요. 직접 주먹밥을 만들어 시위대에 나눠 주고, 서로를 돌봐 주면서 질서를 지켜 나갔어요. 또 다친 시민

✱ **고립되다** 길이 끊겨서 어떤 곳을 벗어날 수 없게 된다는 뜻이에요.

들을 위해 헌혈을 하겠다고 사람들이 병원 앞에 길게 줄지어 서면서 함께했어요.

정권을 잡은 전두환은 언론을 철저하게 탄압하여 광주에서 벌어진 일들을 숨겼어요. 하지만 광주 지역에 있는 학생들과 시민들은 당시의 상황을 일기로 남겼어요. 또 한국에 온 독일 기자 위르겐 힌츠페터는 당시 상황을 촬영하여 다큐멘터리로 만들어 전 세계에 알렸지요. 5·18 민주화 운동은 필리핀, 홍콩, 미얀마 등 세계 여러 나라들의 민주화 운동에 영향을 주었어요.

5·18 민주화 운동의 상황을 생생하게 기록한 사진, 영상, 일기 등은 민주 정신을 인정받아 2011년 유네스코 세계 기록 유산으로 지정되었어요. 부당한 폭력에 저항한 광주 시민들의 용기와 신념을 세계가 함께 기념한 것이에요.

> 문해력 쏙쏙

5·18 ㅁㅈㅎ ㅇㄷ 당시의 상황을 생생하게 기록한 사진, 영상, 일기 등은 민주 정신을 인정받아 2011년 유네스코 ㅅㄱ ㄱㄹ ㅇㅅ 으로 지정되었다.

"책상을 '탁' 하고 치니 '억' 하고 죽었다."

1987년 1월, 대학생 박종철이 남영동 대공분실에서 경찰의 고문으로 목숨을 잃는 일이 발생했어요. 경찰 책임자는 저런 말도 안 되는 변명으로 사건을 숨기려고 했어요. 정부의 뻔뻔한 태도에 국민들은 분노했어요. 민주화를 향한 목소리는 더더욱 커졌지요.

특히 국민들은 국민이 직접 대통령을 뽑는 대통령 직선제를 전두환 정부에 강력하게 요구했어요. 그때는 대통령을 국민이 직접 뽑지 않았냐고요? 지금은 국민 모두가 참여하는 대통령 선거가 익숙하지만, 당시에는 간선제로 대통령을 뽑았어요. 간선제는 국민을 대표하는 선거인단을 만들어 그들이 선거를 하는 제도예요. 전두환은 자신에게 유리한 인물들로 선거인단을 꾸려 선거를 치렀기 때문에 국민들의 불만이 컸던 것이지요.

직선제를 향한 국민들의 거센 요구에 결국 전두환 정부는 헌법에 직선제에 대한 내용을 넣겠다고 약속했어요. 그런데 갑자기 '호헌'이라는 말과 함께 태도를 바꾸었어요. '호헌'은 헌법을 보호하겠다는 뜻이에요. 대통령 선거를 간선제로 유지하겠다는 말이었지요. 정권 유지에 불안감을 느낀 전두환이 국민들의 정치 참여를 막은 거예요.

전두환의 발표에 국민들은 대통령을 자신의 손으로 직접 뽑아야 한다며 항의했어요. 하지만 군사 반란으로 민주주의를 탄압하고 국민들을 힘으로 억누른 전두환은 국민들의 의견을 무시했지요.

수많은 국민들은 거리로 나와 민주주의를 외치며 국민들의 투표권을 되돌려 줄 것을 요구했어요. 전두환 정권은 경찰들을 동원해서 강제로 시위를 끝내려 했지요. 하지만 국민들은 물러서지 않고 시위를 이어 갔어요. 그러던 가운데 대학생 이한열이 경찰이 쏜 최루탄에 맞아 목숨을 잃었고 국민들은 더욱 분노했어요.

1987년 6월 10일, 전국 22개 도시에서 시위가 열렸고 수십만 명이 거리로 나왔어요. 사람들은 독재 정권을 몰아내고 국민들 손으로 대통령을 뽑는 민주 헌법을 만들자고 외쳤지요. 시위는 20일이나 이어졌어요. 위기를 느낀 전두환은 같은 군인이자 다음 대통령 후보인 노태우를 앞세워 12월에 있을 대통령 선거에서 국민들이 직접 참여할 수 있는 직선제를 받아들이겠다고 선언했어요. 헌법을 바꾸고 대통령을 국민들이 직접 뽑게 된 것이지요.

군사 정권의 권력 유지 시도를 막아 내고 국민들의 힘으로 민주주의를 이룬 이 사건이 바로 6월 민주 항쟁이에요. 6월 민주 항쟁은 국민들이 직접 참여해 민주주의의 승리를 이끌어 낸 소중한 우리나라 민주주의의 역사예요.

6월 민주 항쟁으로 지금처럼 대통령을 국민이 직접 뽑을 수 있게 되었고, 국민의 기본적인 권리가 보장되면서 우리나라 민주주의가 한층 발전할 수 있었답니다.

더불어 박종철 학생을 비롯해 수많은 사람들이 고통받았던 남영동 대공분실은 이제 민주주의와 인권을 지키는 '민주 인권 기념관'으로 거듭났어요. 끔찍한 국가 폭력의

역사가 되풀이되지 않게 하자는 의미에서 2018년에 기념관으로 변경하게 된 것이지요.

📌 문해력 쏙쏙

전두환 정권의 권력 유지 시도를 막아 내고 국민들의 힘으로 민주주의를 이룬 사건을 6 ㅇ ㅁ ㅈ ㅎ ㅈ 이라고 한다. 이를 통해 지금처럼 대통령을 국민이 직접 뽑을 수 있는 대통령 ㅈ ㅅ ㅈ 가 시행되었다.

문해력 튼튼

● 다음 글을 읽고, 질문에 답해 보세요.

민주와 독재의 차이는 무엇일까?

민주 정치와 독재 정치의 차이를 알아볼게요. '민주'는 한자로 '백성 민(民)', '주인 주(主)'로 국민이 주인이란 뜻입니다. 이는 영어 '데모크라시(democracy)'를 번역한 말인데요. '데모크라시'는 고대 그리스어인 'demos(민중, 시민, 대중)'와 'cratos(지배)'라는 두 단어가 합쳐져서 나온 말이에요.

그렇다면 고대 그리스 시대부터 국민이 주인인 민주 정치가 이뤄졌다는 이야기겠죠? 그리스 지역에서는 기원전 800년경부터 다양한 도시 국가가 형성되었는데요. 이 중 가장 번성했던 아테네에서 기원전 507년 민주주의가 시작되었어요.

아테네 시민들은 광장에 모여 '민회'라는 회의를 통해 국가의 중요한 일을 함께 결정했어요. 어떤 사안을 다룰 것인지는 각 지역에서 추첨으로 뽑힌 시민 500명으로 구성된 평의회에서 결정했어요. 시민이면 누구나 민회에 나가 의견을 말할 수 있었고 공직자 역시 추첨으로 뽑았어요. 또 재판도 추첨으로 뽑힌 배심원들이 다수결로 판결했어요.

하지만 이때의 시민은 '18세 이상 아테네 시민권을 가진 남자'였다는 한계가 있었어요. 여성, 외국인, 노예 등은 정치에 참여할 수 없었어요. 세계 역사에 인종, 성별에 따라 차별받지 않고 모두가 평등하게 정치에 참여한 진정한 민주 정치가 출현한 지는 100년이 채 안 되었답니다.

오늘날처럼 더욱 많은 국민이 더욱 많은 사안에서 목소리를 내고 결정에 참여하며 민주적인 나라로 나아가기까지는, 수많은 노력과 희생이 있었어요. 영국에서는 1688년에 왕이 마음대로 나라를 운영하지 않고 의회의 승인을 받도록 하는 '명예혁명'이 있었어요. 프랑스에서는 대혁명(1789~1799년)으로 국민의 자유권, 평등권이 담긴 인권 선언문을 만들어 냈어요. 이러한 과정들이 자연스럽게 이뤄지지는 않았어요. 그래서 미국 대통령 토머스 제퍼슨은 "민주주의라는 나무는 피를 먹고 자란다."란 말을 했어요.

그렇다면 민주 정치와 반대되는 독재 정치는 무엇일까요? '독재'는 '홀로 독(獨)', '결단할 재(裁)'로 하나 또는 소수가 권력을 독점한 정치를 뜻해요. 정당한 절차를 거쳐 투표로 뽑았다 해도 권력에 대한 견제가 불가능하다면 독재 정치가 돼요. 역사적으로 가장 유명한 독재자 히틀러도 투표로 뽑혔답니다. 제1차 세계 대전 이후 독일은 패전 국가로서 정치, 경제적으로 어려웠어요. 이때 히틀러가 등장해 독일 민족은 우월하기에 지배자가 될 수 있다는 나치즘을 주장했고 이에 독일 국민은 열광했던 것이죠.

해방 이후 우리나라도 민주 정치가 제대로 자리 잡지 못했어요. 1960~80년대에는 군인들이 쿠데타로 집권한 독재 정치의 시기도 있었어요. 군인이었던 박정희는 1961년 5월 16일, 합법적인 정부를 밀어낸 후 헌법을 고쳐 가면서까지 20여 년간 장기 집권 독재자의 길을 걸었어요. 결국 측근에 의해 암살당하면서 오랜 독재가 끝나 했지만 또 다시 군인 출신인 전두환이 1979년 12월 12일 쿠데타를 통해 집권하면서 독재 정치가 이어졌답니다.

이후 국민의 저항과 희생이 지속되다가 1987년, 6월 민주 항쟁을 통해 지금의 민주 정치가 자리 잡았어요. 이처럼 지금 우리가 누리는 민주주의는 당연한 게 아니랍니다. 새삼 민주주의가 소중하게 느껴지죠?

● 민주 정치와 독재 정치의 차이는 무엇일까요?

● 미국 대통령 토머스 제퍼슨은 왜 '민주주의라는 나무는 피를 먹고 자란다.'라고 했을까요?

일상생활과 민주주의

정치하면 어떤 이미지가 떠오르나요? 대개 국회나 대통령, 선거, 정치 뉴스 등이 떠오를 거예요. 우리들이 보통 생각하는 정치는 정치인이 국민의 다양한 *이해관계를 조정해서 국가를 더 살기 좋게 만드는 것을 뜻해요. 이것은 좁은 의미의 정치라고 할 수 있어요.

사실 정치는 꼭 정치인만 하는 것이 아니랍니다. 우리는 함께 사회를 이루며 살아가면서 서로 의견이 달라 갈등하거나 또 함께 해결해야 할 공동의 문제와 마주하곤 해요. 가령 학교에서 체험 학습 장소나 교실에서 앉는 자

★ 이해관계 서로 이해가 걸린 관계를 의미해요. 이때, 이해는 이익과 손해를 가리켜요.

리를 정하는 것 또는 층간 소음 문제를 해결하는 것 등이 있지요. 우리는 살아가면서 수많은 선택과 문제 상황을 마주해요. 이런 문제들은 일방적으로 결정하는 것이 아니라 서로 약속이나 규칙을 정해서 풀어갈 수 있어요. 이처럼 공동의 문제를 함께 해결해 나가는 것을 넓은 의미의 정치라고 해요.

학교나 지역에서 발생한 문제를 해결하는 것, 지역에서 대표를 뽑는 것, 국가의 일을 풀어 나가는 것은 모두 정치라 할 수 있어요. 생활 속에서 우리는 다양하게 정치

와 만나고 또 그 과정에 참여하고 있지요.

우리나라는 100여 년 전까지만 해도 나라 이름이 '대한 제국'이었어요. 이 이름은 황제가 주인이 되는 나라라는 뜻이지요. 그러다 3·1 운동을 계기로 일제의 지배에서 벗어나 독립된 나라를 세우기 위한 움직임이 생겨났어요. 국민이 주인이 되는 새로운 형태의 나라를 만들겠다고 뜻을 모은 것이에요. 그렇게 만들어진 것이 바로 '대한민국 임시 정부'랍니다. 그 뜻을 이어받아 지금 우리나라 이름이 '대한민국'이 된 것이지요. 황제를 뜻하는 '제'에서 국민을 뜻하는 '민'으로, 단지 한 글자만 바뀌었을 뿐인데 그 차이는 어마어마하지요. 황제 한 사람이 아닌 국민이 주인으로서 국가의 중요한 의사 결정을 하는 나라, 즉 민주주의 국가를 세우겠다는 것이니까요.

민주주의 국가는 국민의 동의와 지지를 바탕으로 국가의 일이 이뤄지는 나라예요. 미국의 링컨 대통령은 "국민의, 국민에 의한, 국민을 위한 정부."라는 유명한 연설을 했어요. 민주주의 국가에서는 국민이 중심이 되어 나라를 이끌어 가야 한다는 민주 정치의 핵심을 이야기한 것이지요.

민주주의 국가에서는 모든 사람이 인간으로서 존중받을 가치와 권리가 있어요. 민주주의는 인간 *존엄성을 실현하는 것을 목표로 하기 때문이에요. 오늘날의 민주주의 국가는 여러 가지 법과 제도로 모든 사람이 존중받고 행복하게 살 수 있도록 노력하고 있어요. 인간 존엄성을 실현하기 위해 국민의 자유와 평등을 보장하고 있지요. 자유는 국가나 다른 사람의 간섭을 받지 않고 자신이 원하는 대로 판단하여 행동할 수 있는 것이며, 평등은 모든 사람이 성별, 인종, 재산, 신분, 신체적 차이 등의 이유로 차별받지 않고 동등하게 존중받는 것이랍니다.

★ **존엄성** 함부로 대할 수 없을 만큼 위엄 있는 성질을 말해요.

 문해력 쏙쏙

ㅈㅊ 란 좁은 의미로는 정치인이 국민의 다양한 ㅇㅎㄱㄱ 를 조정해서 국가를 더 살기 좋게 만드는 것이고, 넓은 의미로는 공동의 ㅁㅈ 를 함께 해결해 나가는 것을 뜻한다.

　우리는 생활에서 민주주의를 다양하게 접하고 실천하고 있답니다. 과연 어떤 것들이 있을까요? 학교에서 열리는 학급 회의나 전교생이 모여 함께 이야기를 나누는 다모임 등에서 약속이나 중요한 일을 결정하는 것이 바로 그 예입니다. 지역에서도 주민 회의나 동네 자치회 등을 통해 공동의 문제를 해결하고 있지요.

　이렇게 함께 모여 이야기를 나누다 보면 서로 의견이 부딪히며 갈등이 생길 수도 있어요. 이때 중요한 것은 바로 자유로운 대화와 토론을 통해 문제를 풀어갈 수 있는 방법을 찾는 것이지요. 다른 의견을 인정하고, 상대방을 배려하며, 서로 양보하고 타협하면서 문제를 해결할 수 있답니다.

하지만 대화와 토론을 통해 문제가 해결되지 못할 때도 있어요. 서로 생각하는 바와 입장이 다를 때 양보와 타협이 어려울 수도 있기 때문이에요. 이런 경우 ==다수결의 원칙==으로 문제를 해결하기도 하지요.

다수결의 원칙은 좀 더 많은 다수의 의견이 소수의 의견보다 조금은 더 합리적일 수 있다는 생각으로 다수의 의견을 따르는 것이에요. 민주주의를 생활에서 실천하기 위해 실제로 다수결의 원칙을 많이 활용하고 있답니다. 다수결의 원칙으로 문제를 해결하면 빠르게 결정을 내릴 수 있고, 다수의 뜻이기에 사람들이 쉽게 결정을 받아들이기 때문이지요. 이에 학교와 지역은 물론 국회와 정부 등에서도 다수결의 원칙을 많이 활용하고 있어요.

하지만 다수결의 원칙이 항상 좋은 것만은 아니랍니다. 다수의 의견이 언제나 최선의 선택은 아닐 수도 있어요. 오히려 소수의 의견이 옳을 수도 있지요. 그래서 소수의 의견도 존중해야 해요. 다양한 사람들의 의견을 존중하는 것이 민주주의의 기본 정신이기 때문이에요.

==민주적인 의사 결정 원리==를 알았다면, 이제 생활 속 문제를 직접 해결할 수 있어요. 여기 여러분 또래 친구들이

실천한 사례가 있어요. 바로 국립 중앙 박물관의 문제를 해결한 서울 수송초등학교 학생들이지요. 국립 중앙 박물관은 우리나라를 대표하는 박물관이에요. 여러분과 같은 학생을 비롯해 많은 관람객이 체험 학습 등의 목적으로 즐겨 찾는 곳이랍니다. 우리나라 대표 유물들이 전시되어 있고, 공원도 잘 갖춰져 있거든요.

그런데 이곳 박물관에는 문제가 있었어요. 바로 학생들이나 다른 관람객들이 비가 오거나 미세 먼지가 많은 날에 도시락을 먹을 수 있는 장소가 없었던 거예요. 그래서 날씨가 궂은 날 박물관을 찾은 학생들은 박물관 계단 구석이나 후미진 곳에서 도시락을 먹어야 했어요.

서울 수송초등학교 학생들은 이 문제를 해결하고자 뜻을 모았답니다. 국립 중앙 박물관은 공공 기관이고 어린이들이 주로 이용하는 곳인데 정작 이 장소의 주인인 어린이들이 마음 편히 도시락을 먹을 장소조차 없다는 것은 큰 문제라고 생각했기 때문이지요. 사실 그냥 지나치고 말 수도 있는 일이었지만 관람객 모두 기본적인 권리를 존중받으며 전시 관람을 할 수 있게 제안한 것이에요.

수송초등학교 학생들은 박물관의 문제점을 알리는 편지를 관장님에게 보내고, 박물관 홈페이지에 전자 민원을 접수했어요. 또 포스터를 그리면서 박물관의 변화를 요청했지요.

학생들은 국립 과천 과학관, 서울 역사 박물관 등 다른 박물관의 사례를 직접 조사했어요. 이곳들은 국립 중앙 박물관과 다르게 관람객을 위해 비바람을 피해 쉴 수 있고, 또 도시락을 먹을 수 있는 장소를 갖추고 있었어요. 조사한 내용을 바탕으로 학교 친구들에게 박물관에 도시락 먹을 장소를 만들어 달라는 서명을 받아서 편지와 함께 국립 중앙 박물관에 보냈답니다.

이 내용은 신문에도 소개되면서 많은 사람들이 관심을 갖게 되었어요. 국립 중앙 박물관에서도 학생들에게 답장을 보내고 박물관의 변화를 약속했지요. 결국 학생들의 요청과 제안 덕분에 실제로 박물관에 큰 변화가 생겼어요. 바로 '도란도란 도시락 쉼터'를 만들고 점심시간 동안 관람객을 위한 쉼터 공간을 마련한 것이지요. 학생들이 문제를 그냥 지나치지 않고 직접 참여하면서 유쾌한 변화를 만들어 낸 것이에요. 이처럼 민주주의는 생활 속에서 마주하는 문제에 관심을 갖고 직접 변화를 만들어 가는 과정에서 더 발전할 수 있답니다.

👆 문해력 쏙쏙

 의 원칙은 다수의 의견이 소수의 의견보다 조금은 더 합리적일 수 있다는 생각으로 다수의 의견을 따르는 것이다.

문해력 튼튼

● 다음 글을 읽고, 질문에 답해 보세요.

참정권과 청구권은 무엇일까?

참정권은 정치에 참여할 수 있는 권리예요. 우리나라는 대통령을 비롯해서 국회의원과 시장, 구청장 또는 군수 등을 국민의 투표로 뽑아요. 국민의 대표를 뽑기 위해 헌법에서도 선거권을 보장하고 있기 때문이에요.

하지만 이 역시 제대로 보장된 건 얼마 되지 않았어요. 독재 정권 시절 권력자들이 더 길게, 영원히 권력을 잡기 위해서 간접 선거를 했었거든요. 지금은 당연해 보이는 기본권이 사실은 우리 할아버지와 할머니들이 열심히 싸워서 쟁취한 권리인 거지요.

(……)

그럼 청구권은 무엇일까요? 앞서 우리가 살펴본 행복 추구권, 평등권, 참정권과 같은 권리가 침해되거나 침해될 우려가 있을 때 국민이 국가에 대해 적극적으로 일정한 행위를 할 것을 요구할 수 있는 권리예요. 국가 기관은 국민의 권리를 보호하기 위해서 만들었는데 권리는 보호하지 않고 침해하거나 보호할 역할을 제대로 하지 않을 때 우리가 적극적으로 요구할 수 있는 권리이죠.

(……)

참정권은 대통령, 국회 의원 등을 뽑는 선거권, 국가의 일을 직접 하는 공무원이 될 수 있는 공무 담임권, 국가의 중요한 의사 결정에 국민이 직접 참여하는 국민 투표권 등이 있어요. 특히 헌법을 바꿀 때는 반드시 국민 투표를 하도록 되어 있어요.

(……)

청구권으로는 국가에 대해 의견이나 희망을 얘기할 수 있는 청원권, 권리가 침해되거나 분쟁이 발생한 경우 중립적인 법원으로부터 공정한 재판을 받을 수 있는 재판 청구권, 국가가 국민에게 손해를 끼친 일에 대해 청구할 수 있는 국가 배상 청구권 등이 있어요.

이렇게만 보면 역시나 나와 먼 권리처럼 느껴지지만 그렇지 않아요. 청원권을 통해서 2012년 서울수송초등학교 6학년 학생들이 국립 중앙 박물관을 바꿨어요. 체험 학습을

온 어린이 친구들을 비롯해서 많은 사람이 날씨가 궂으면 박물관 구석에서 도시락을 먹는 등 큰 불편을 겪었어요. 대개는 이런 경우 불편을 그저 운이 없다면서 지나쳐 버리지요. 하지만 서울수송초등학교 학생들은 박물관에 정식으로 문제를 제기했어요. 박물관 홈페이지에 있는 전자 민원을 활용한 것이에요. 학생들의 문제 제기는 우리 헌법에 나와 있는 청원권을 행사한 것으로 볼 수 있어요. 국가 기관에 불편한 점들을 바꿔 가길 바란다는 의견을 직접 제시한 것이지요. 이에 박물관에서도 학생들의 의견을 반영해서 박물관 내에서 비바람이나 미세 먼지 등의 피해 없이 도시락 먹을 장소를 마련하였어요. 이처럼 청원권은 새로운 변화를 일궈 낼 수 있는 소중한 권리예요. 초등학생들도 생활 속에서 불편한 사례를 찾아 청원권을 행사했다는 점은 참 멋진 일이에요. 혹 공공 기관 등에 제안할 부분이 있는지 한번 살펴보세요.

● 참정권과 청구권은 어떻게 다른가요?

　

● 국립 중앙 박물관의 도시락 쉼터처럼 생활하면서 불편하거나 바꿔 나가면 좋을 공동의 문제는 무엇이 있을까요?

민주 정치의 원리와 국가 기관의 역할

　사람이 모인 곳은 어디나 규칙과 약속이 존재해요. 학교에는 교칙이 있고 운동 경기에도 규칙이 있지요. 심지어 가족과 함께 사는 집에도 소소한 규칙들이 있을 거예요. 민주 정치에도 규칙과 약속이 있어요. 특히 민주 정치는 많은 사람들이 지키고 따라야 하기 때문에 이 규칙을 더욱 엄격하게 정해 두고 있지요. 이렇게 어떤 행동의 규범이 되는 것을 우리는 '원리'라고 불러요. 그렇다면 민주 정치의 기본 원리로는 어떤 것이 있을까요?

　먼저 국민이 한 나라의 주인으로서 나라의 중요한 일을 스스로 결정할 수 있는 **국민 주권의 원리**가 있어요. 주권은 국가의 의사를 결정하는 최고의 권력이에요. 우리나라의 주인은 대통령이나 국회 의원 같이 특정한 누군가가 아니고 바로 우리 국민 모두라는 말이지요. 여러분과 같은 어린이도 우리나라의 주인인 거예요.

나라의 근본이 되는 법인 헌법 제1조에 "대한민국의 주권은 국민에게 있고, 모든 권력은 국민으로부터 나온다."라고 쓰여 있어요. 헌법에서도 가장 처음 강조할 만큼 주권이 국민에게 있다는 것은 중요해요. 그래서 국가가 *정치권력을 형성하거나 행사할 때는 반드시 국민의 동의와 지지가 있어야 해요.

다음으로는 국민이 스스로 나라를 다스려야 한다는 국민 자치의 원리가 있어요. 국민 자치는 모든 국민이 국가를 운영하고 지역 사회를 운영하는 데 직접 참여하는 것을 말해요. 그래서 매우 중요한 의사 결정을 할 때는 국민 투표를 실시하기도 하지요. 하지만 국민 모두가 정치에 직접 참여하는 것은 쉽지 않은 일이에요. 그래서 우리나라는 선거로 뽑힌 국민의 대표가 국민들을 대신해 나라의 중요한 일을 결정해요. 이것을 간접 민주 정치라고

★ **정치권력** 사회의 여러 기능 가운데, 특히 정치적 기능을 수행하기 위한 권력을 말해요.

민주 정치의 기본원리

① 국민 주권의 원리

대통령의 권한으로 앞으로 사탕나라에서는 초콜릿 먹는 것을 금지합니다.

속보 | 사탕나라 초콜릿 먹기 금지

뭐라고?! 아무리 대통령이라도 주권을 가진 국민의 동의도 없이 저렇게 마음대로 정하면 안 돼! 난 초콜릿이 더 좋다고~

② 국민 자치의 원리

나라와 국민을 위하여 진심을 다해 일할 대표를 뽑자!

기표소

③ 입헌주의의 원리

으하하하 대통령이 되었으니 내 마음대로 할 거야!

무슨 소리! 헌법을 무시하고 국가를 운영하면 안 돼!

④ 권력 분립의 원리

입법부 국회
행정부 정부
사법부 법원

사이 좋게 지내자~

말하지요.

또 다른 민주주의의 기본 원리로는 <mark>입헌주의의 원리</mark>가 있어요. 이것은 헌법에 따라 국가 기관을 구성하고 국가를 운영해야 한다는 말이에요. 만약 이런 원리를 두지 않는다면 어떤 문제가 발생할까요? 국가가 헌법을 무시하고 권력을 함부로 휘두를 수 있어요. 그러면 국민들은 자유와 권리를 침해당하는 피해를 받을 수도 있고요. 그래서 입헌주의의 원리는 매우 중요해요.

마지막은 바로 <mark>권력 분립의 원리</mark>예요. 국가 권력을 각각 독립된 기관이 나누어 맡으면서 서로 견제할 수 있게 한 것이지요. 권력이 한 기관에 집중되면 국민의 자유와 권리를 함부로 침해할 수 있기 때문이에요. 이를 위해 대부분의 민주 국가에서는 국가 권력을 입법부, 행정부, 사법부로 나누어 균형 있게 권력을 행사하고 있어요. 이를 <mark>삼권 분립</mark>이라고 해요.

👉 **문해력 쏙쏙**

민주주의의 기본 원리로는 국민 ㅈ ㄱ **의 원리, 국민** ㅈ ㅊ **의 원리,** ㅇ ㅎ ㅈ ㅇ **의 원리,** ㄱ ㄹ ㅂ ㄹ **의 원리가 있다.**

서울 여의도에 가면 둥근 원 형태의 지붕이 인상적인 건물을 만나볼 수 있어요. 이 건물이 바로 우리나라의 입법부, 즉 국회랍니다. 국회의 내부 모습을 보면 국회가 어떤 역할을 하는 곳인지 쉽게 파악할 수 있어요. 건물의 기둥은 24개로, 24절기를 나타낸 것이고 이 중 앞면에 보이는 기둥 8개는 우리나라의 8도를 나타낸 것이에요. 또 국회 의사당 앞에 있는 *해태 상은 법과 정의를 상징해요. 천장에는 365개의 전등이 있는데, 이는 1년 내내 국민들이 국회 활동을 지켜본다는 뜻이 담겨 있어요. 이렇듯

★ 해태 옳고 그름과 선악을 판단할 수 있다고 하는 상상의 동물이에요.

국회는 정의를 바탕으로 우리나라와 국민들을 위한 법을 만드는 곳이에요.

앞서 말했듯 민주 정치는 국민들이 참여해야 해요. 하지만 오늘날 대부분 국가는 영토가 넓고 인구가 많아서 모든 국민들이 정치에 직접 참여하는 것이 어려워요. 그래서 국민들은 선거를 통해 대표를 선출해요. 국민들이 뽑은 다양한 대표 중 국회에서 일할 대표를 국회 의원이라고 하지요. 국회는 국회 의원들이 모여 나라의 중요한 일을 의논하고 결정하는 국가 기관이에요. 국회의 가장 중요한 역할은 국민의 생각을 반영하여 법률을 만드는 거예요.

국회는 법을 만드는 것 말고도 행정부를 감시하는 역할을 해요. 먼저 나라의 재정에 관한 권한을 가지고 있기 때문에 정부가 나라 살림을 꾸려 가고자 제출한 예산안을 꼼꼼히 살펴보고 확정해 줘요. 나중에는 정부가 1년 동안 이 돈을 잘 썼는지도 심사하지요. 또 정부가 매년 나랏일을 제대로 운영하고 있는지 점검하는 국정 감사를 진행해요. 때에 따라 중요한 사건에 관해서는 국정 조사를 하기도 하지요.

　그리고 국회는 대통령이 국무총리, 헌법 재판소장 등을 임명할 때 동의할 수 있는 권한을 가지고 있어요. 이 동의권은 대통령의 권력을 견제하는 수단이에요. 더불어 국회는 대통령과 같은 고위 공무원이 헌법이나 법률을 위반했을 때 자리에서 물러나게 하거나 처벌하도록 할 수도 있어요. 이는 정부와 고위 공무원의 *직무를 감시하고 통제함으로써 국가 권력의 *남용을 막는 것이에요.

　국회 의원은 국민을 대신하여 나라의 중요한 일을 결

✶ **직무** 직업상 책임지고 담당하는 일이에요.
✶ **남용** 권리나 권한 등을 본래의 목적이나 범위를 벗어나 함부로 행사하는 것을 뜻해요.

정하는 국민의 대표로, 우리나라에서는 4년에 한 번씩 선거를 통해 국회 의원을 뽑아요. 국회는 국민이 각 지역에서 선거로 뽑은 지역구 국회 의원과 정당별 득표율에 따라 선출된 비례 대표 국회 의원으로 구성돼요. 국회를 대표하는 국회 의장이 1명, 부의장이 2명 있고, 이들은 국회 의원들이 투표를 통해 선출해요.

문해력 쏙쏙

우리나라의 ㅇㅂㅂ , 즉 ㄱㅎ 는 국회 의원들이 모여 나라의 중요한 일을 의논하고 결정하는 국가 기관이다. 이곳은 국민의 생각을 반영하여 ㅂㄹ 을 만드는 등 다양한 역할을 한다.

 4년에 한 번 실시하는 국회 의원 선거 말고도 국민들이 참여하는 선거가 더 있어요. 바로, 대통령 선거예요. 대통령 선거로 국민들은 우리나라 행정부의 최고 책임자를 뽑아요.

 정부는 국회에서 만든 법을 집행하면서 국민을 보호하고, 사회 질서를 유지하며, 각종 정책을 만들어 실행하고, 공공시설을 만들고 관리하는 등 나라의 살림살이를 맡아 하는 곳이에요. 대통령을 중심으로 국무총리, 행정 각부, 국무 회의, 감사원 등의 기관으로 구성되어 있지요. 대통령은 행정부의 최고 책임자로 5년의 임기 동안 나라의 중요한 일을 결정하고, 국무총리, 행정 각 부 장

관 등을 임명해요. 또한 우리나라를 대표하여 외국과 조약을 체결하는 등 외교 활동을 하고, 군대를 총괄하는

중요한 역할을 해요.

물론 나랏일은 대통령 혼자 마음대로 결정할 수 없어요. 대통령, 국무총리, 각 부의 장관들이 참여하는 국무 회의를 통해 결정해요. 대통령은 국무 회의를 이끌면서 정부의 가장 큰 책임자의 역할을 하지요. 국무총리는 대통령을 보좌하고, 행정 각 부를 관리하고 감독해요. 만일 대통령이 외교를 위해 다른 나라를 방문하여 자리를 비우게 되면 국무총리가 대통령의 역할을 대신 맡아서 하게 돼요.

교육부나 법무부 등 행정 각 부는 장관의 지휘 아래 구체적인 행정 업무를 처리해요. 각 부에 속한 장관과 차관, 공무원은 국민의 안전과 행복을 위해 많은 일을 하지요. 국무 회의는 행정부의 최고 심의 기관으로 정부의 주요 정책을 심의하며, 감사원은 세금이 제대로 쓰이고 있는지를 검사하고 행정 기관과 공무원의 직무를 감독해요.

문해력 쏙쏙

ㅈㅂ 는 국회에서 만든 법을 집행하는 곳이며, 최고 책임자인 ㄷㅌㄹ 은 5년의 임기 동안 나라의 중요한 일을 결정하고, 국무총리와 행정 각 부 장관 등을 임명한다.

　마지막으로 사법부 즉, 법원을 살펴볼 차례예요. 우리나라 대법원 앞에는 정의의 여신상이 있어요. 이 동상은 한 손에 저울을, 또 다른 손에는 법전을 들고 있답니다. '저울'은 사안을 정확하게 판단해서 모두에게 법이 평등하게 적용되어야 한다는 뜻이고, '법전'은 법에 의해 정의가 이루어진다는 의미를 지니고 있어요. 원래 정의의 여신상은 눈을 가리고 있는 것과 달리 우리나라의 여신상은 눈을 가리지 않았어요. 그 이유는 정의의 얼굴을 제대로 보여 줌으로써 사악한 자에게 공포를 주며 선한 자에게는 용기를 주기 위해서라고 해요. 동시에 사회적 약자들을 살펴보며 보호하겠다는 의미도 있어요. 더불어 대법원 건

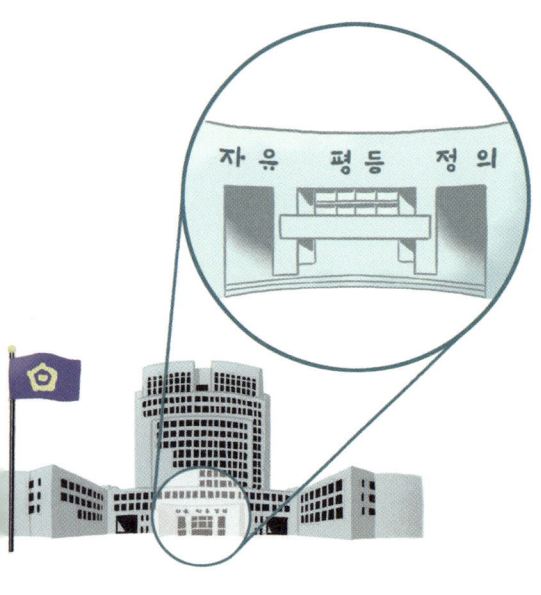

물 앞에는 '자유, 평등, 정의'라는 글자가 크게 쓰여 있기도 해요. 바람직한 사법권을 행사하기 위해 꼭 필요한 가치를 새겨 둔 것이에요.

법원은 법을 근거로 하여 재판을 하는 기관이에요. 법이 제대로 지켜지지 않아 문제가 생길 경우에는 법원의 판결을 통해 문제를 해결할 수 있어요. 법원의 판결은 사람들 사이에 일어난 갈등을 해결하고 국가나 개인으로부터 피해를 입은 사람을 도와주지요. 또 사회 질서를 지키기 위해 죄를 지은 사람을 처벌하기도 해요.

공정한 재판을 위해 사법부의 법관은 입법부나 행정부 등 외부의 간섭 없이 완전히 독립적으로 심판해요. 이를 위해 헌법에서는 '법관은 헌법과 법률에 의하여 그 양심에 따라 독립하여 심판한다.'라고 규칙을 정하여 법관이 외부의 압력을 받지 않고 재판할 수 있도록 하고 있지요.

　우리나라 법원은 최고 법원인 대법원과 그 아래의 고등 법원, 가정 법원, 지방 법원 등 각급 법원으로 이루어져 있어요. 공정한 재판을 위해 우리나라는 특정한 경우를 제외한 모든 재판의 과정과 결과를 공개해 억울한 사람이 생기지 않도록 하고 있어요. 또한 국민이 공정한 재판을 받을 수 있도록 한 사건에 원칙적으로 세 번까지 재판받을 수 있는 3심 제도를 운영하고 있지요.

문해력 쏙쏙

ㅂㅇ 은 법을 근거로 하여 ㅈㅍ 을 하는 기관으로, 사람들 사이에 일어난 갈등을 해결하고 피해를 입은 사람을 도와준다. 또 죄를 지은 사람은 ㅊ ㅂ 하기도 한다.

문해력 튼튼

● 다음 글을 읽고, 질문에 답해 보세요.

가습기 살균제 참사는 왜 일어났을까?

가습기는 건조한 실내에 습기를 올려 주는 생활 가전제품이에요. 하지만 가습기는 내부에 곰팡이 등이 생겨서 자주 청소를 해 줘야 해요. 사람들은 이런 불편을 없애고 세균까지 막는 방법을 찾기 시작했어요. 그 결과 가습기 살균제를 개발해 광고하고 판매했어요.

하지만 이로 인해 생각지도 못한 일들이 일어났습니다. 살균제의 안전성을 제대로 확인하지 않았기 때문이에요. 안전하다는 광고만 믿고 가습기 살균제 제품을 사용한 사람들은 목숨을 잃거나 폐 기능이 손상되는 등 끔찍한 피해를 입었어요. 독한 살균제가 호흡기로 들어가서 생긴 일이에요. 특히, 아이가 있는 집에서 많이 쓰는 바람에 갓난아이와 엄마들의 피해가 많았어요.

이 사건은 절대 일어나서는 안 될 일이었어요. 그래서 비참하고 끔찍한 일이라는 뜻을 가진 '참사'라는 말을 붙여 '가습기 살균제 참사'라고 해요. 제품을 개발하고 광고한 기업들은 사람들의 안전과 건강은 생각하지 않았어요. 제대로 된 안전 검사도 하지 않았고, 정부도 실태를 파악하지 않았어요.

가습기 살균제 참사는 마트 등에서 손쉽게 구할 수 있는 생활 화학 용품으로 인해 대규모 인명 피해가 발생한 사건이에요. 1994년 유공이라는 국내 회사가 개발한 가습기 살균제 '가습기 메이트'가 세계 최초로 국내에서 유통·판매됐어요. 이 제품은 인체에 직접 영향을 미치지만 이에 걸맞은 위해성 검증을 거치지 않았어요. 이후 SK케미칼, LG생활건강, 롯데마트, 홈플러스, 신세계 이마트, 애경산업 등 국내 유명 기업들은 물론이고 영국의 옥시레킷벤키저와 테스코, 독일의 헨켈 등 다국적 기업들이 가습기 살균제 개발과 판매에 나서면서, 2011년까지 18년간 48종류, 약 998만 개가 판매됐어요.

이들은 모두 독성 성분이 호흡기와 인체에 미치는 영향에 대한 안전 점검을 하지 않았고, 제품 사용 중 소비자들이 느낀 건강 이상 호소도 무시했어요. 그 과정에서 우리나라 정부(산업부) 역시 관리 감독을 하지 않았지요. 이러한 기업의 무책임과 정부의 무관심은 세계적으로 유례없는 참사를 발생시켰어요.

가습기 살균제 피해자들은 모두 우리 이웃이에요. 자칫 나와 우리 가족이 겪을 뻔한 가슴 아픈 일이지요. 2020년 7월까지 우리나라 정부에 신고된 피해자는 6823명이고 그중 사망자는 1553명이나 돼요. 사회적 참사 특별조사위원회 분석에 따르면 당시 기준으로 제품 사용자 627만 명, 건강 피해 경험자 67만 명 그리고 사망 피해자가 무려 1만 4000명으로 추산되고 있어요.

(······)

　지금 이 순간에도 수많은 사람들이 후유증으로 고통받고 있어요. 가습기 살균제 참사는 피해자 가족들의 삶도 망가뜨리고 있어요. 개인이 감당하기 어려운 엄청난 치료 비용과 잘못을 인정하지 않고, 배상을 회피하는 기업, 현실과 동떨어진 정부의 피해자 지원은 피해자와 그 가족들을 힘들게 하고 있거든요. 어려운 상황이지만 진실을 알리고, 피해자의 권리를 찾고자 노력하는 가습기 살균제 피해자들의 이야기에 주목하면서 우리 사회가 함께 힘을 모아 문제를 해결해 나가면 좋겠어요.

● 가습기 살균제 피해는 왜 일어났나요?

● 가습기 살균제 참사 같은 일이 벌어지지 않게 하려면 어떤 노력이 필요할까요?

한눈에 읽는 개념 지도

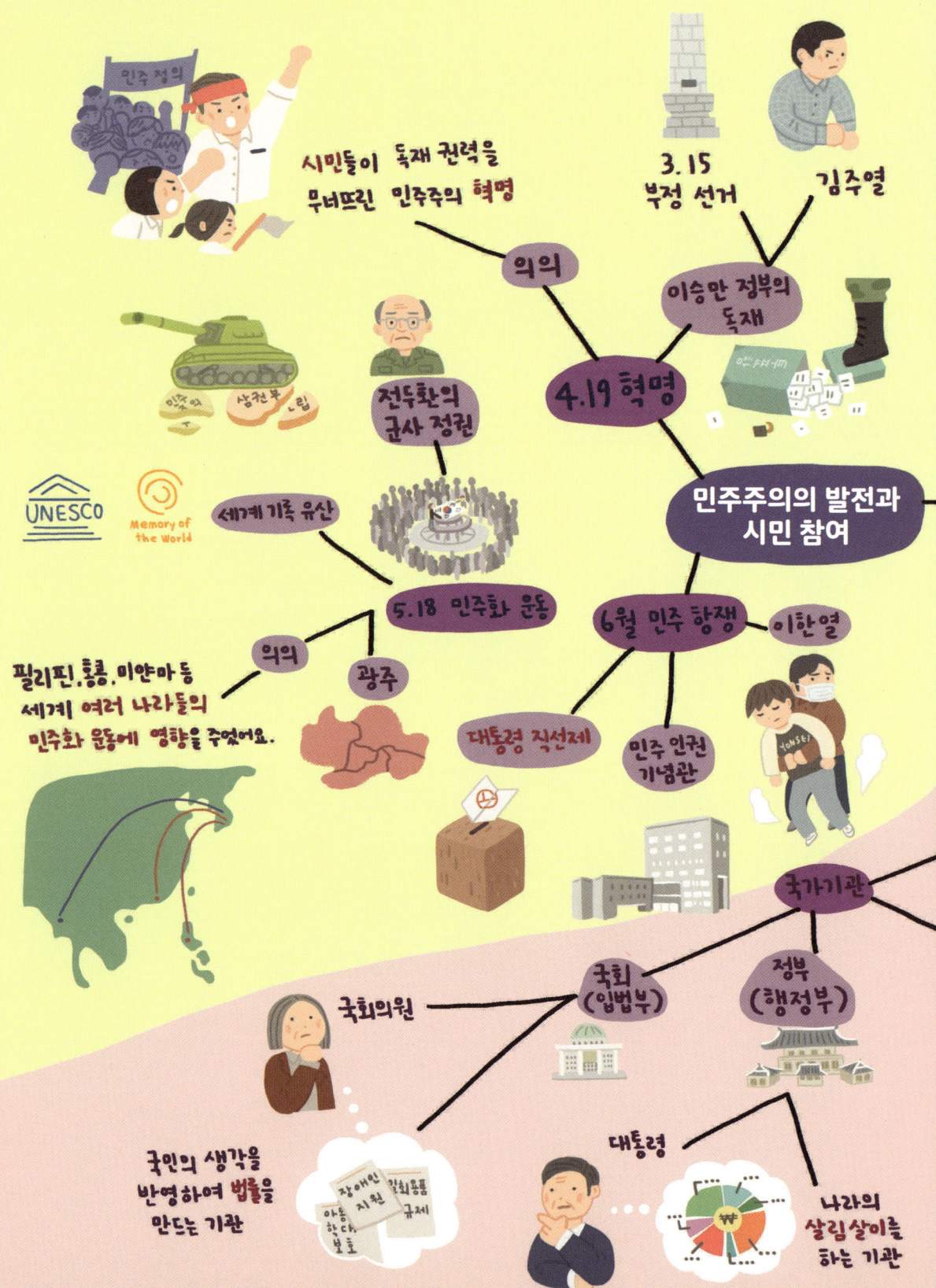

2

우리나라의 경제 발전

우리나라 경제 체제의 특징

　우리나라의 경제 활동을 이끌어가는 사람은 누구일까요? 대통령? 큰 회사의 사장? 오늘은 우리나라의 경제를 움직이는 사람들의 이야기로 시작할게요.
　여기 경현이네 가족이 있어요. 경현이 아버지는 공장에서 자동차를 만드는 일을 해요. 어머니는 어린이집에서 아이들을 돌보는 일을 하고요. 경현이 삼촌은 월요일부터 목요일까지 대학교에서 공부하고, 금요일부터 일요일까지는 햄버거 가게에서 아르바이트를 하고 있어요. 경현이는 학교에서 즐겁게 공부를 하지요. 경현이네 가족 중 직장에서 일하고 그 대가로 돈을 받는 사람은 누구인가요? 맞아요. 아버지와 어머니, 삼촌이에요. 이들이

 일한 대가로 받는 돈을 소득이라고 해요. 아쉽지만 경현이는 아직 소득을 얻지 못해요.

 경현이 아버지와 어머니, 삼촌은 *생산 활동에 참여하고 그 대가로 소득을 얻어요. 이 소득으로 경현이네 가족은 생활에 필요하거나 원하는 물건, 서비스 등을 구입하고 저축도 해요. 한마디로 가정 살림을 꾸려 가지요. 경

★ **생산** 사람들이 생활하는 데 필요하거나 원하는 물건 또는 서비스를 만드는 일을 뜻해요.

현이네 가족처럼 가정 살림을 함께하는 생활 공동체를 가리켜 ==가계==라고 해요. 물건을 파는 가게가 아니고, 가계예요. 여러분의 가족도 가정 살림을 함께 꾸려가잖아요? 그럼 가계인 거예요.

혹시 가계부를 본 적이 있나요? 가계부는 가계의 수입과 지출을 정리한 것인데, 이때 수입은 가계에 들어온 돈이에요. 즉, 생산 활동에 참여한 대가로 얻은 소득이 수입에 속해요. 지출은 뭘까요? 맞아요. 지출은 가계에서 나간 돈, 즉 가계가 소비한 돈이에요.

앞에서 경현이 아버지와 어머니, 삼촌은 생산 활동을 통해 가계의 소득을 얻는다고 했죠? 그러면 이들이 생산 활동을 하는 곳은 어디일까요?

가계를 구성하는 사람들, 즉 가계의 구성원이 생산 활동을 하는 곳을 ==기업==이라고 해요. 뉴스에 나오는 대기업, 중소기업의 그 기업과 같은 글자예요. 그렇지만 여기에서 기업은 더 포괄적인 의미로 가계 구성원에게 일자리를 제공하는 역할을 하는 곳, 가계의 구성원이 생산 활동에 참여하여 소득을 얻는 곳을 가리켜요.

기업은 생산한 물건을 판매하거나 서비스를 제공하여 돈

을 벌어요. 이때 기업이 벌어들인 돈을 이윤이라고 해요.

가계와 기업은 우리나라의 경제 활동을 이끌어 가요. 기업은 경제에서 생산을 담당하고 있어요. 생활에 필요하거나 원하는 물건과 서비스를 만들어 내지요.

가계는 기업의 생산 활동에 참여해 소득을 얻고, 이 소득으로 소비 활동을 해요. 만약 가계가 없다면 기업은 이윤을 얻을 수 있는 물건이나 서비스를 생산할 수 없어요. 반대로 기업이 없다면 가계는 일할 수도 없고, 소득을 얻을 수도 없어요. 이를 두고 가계와 기업은 떼려야 뗄 수 없는 관계, 서로에게 꼭 필요한 관계라고 할 수 있어요.

한편, 생산한 물건이나 서비스를 사고팔 곳이 필요하겠지요? 그곳이 바로 시장이에요. 여기에서 시장은 전통 시장만 가리키는 게 아니에요. 물건을 판매하거나 서비스를 제공하여 이윤을 얻으려는 기업, 생활에 필요한 물건이나 서비스를 구입하려는 가계가 만나는 곳은 모두 시장으로 볼 수 있어요. 그러니까 전통 시장뿐만 아니라 백화점, 대형 할인점도 시장이라고 할 수 있지요. 홈쇼핑, 인터넷 쇼핑몰도 시장이고요. 주식을 거래하는 주식 시장, 집이나 건물 등 부동산을 거래하는 부동산 시장도

전부 시장이에요. 이렇게 가계와 기업은 다양한 형태의 시장에서 만나지요.

 문해력 쏙쏙

가정 살림을 함께하는 생활 공동체를 가리켜 ㄱㄱ , 구성원들이 생산 활동을 하는 곳을 ㄱㅇ 이라고 한다. 더불어 이 둘이 서로 물건이나 서비스를 사고팔기 위해 만나는 곳을 ㅅㅈ 이라고 한다.

　여러분, 치킨 좋아하나요? 많은 친구가 큰 소리로 "네!"라고 대답할 것 같아요. 그럼 여러분은 어느 브랜드의 치킨을 좋아하나요? 세상에는 수많은 치킨이 있으니 친구마다 대답이 다를 것 같아요. 그런데 만약 여러분이 사 먹을 수 있는 치킨이 딱 한 종류만 있다면 어떨까요? 내 취향이 아니더라도 그 치킨만 먹어야 하고, 어쩌면 치킨 먹는 것을 포기해야 할 수도 있어요.

　과자는 어때요? 가게에 딱 한 종류의 과자만 판다면 다른 과자가 먹고 싶어도 오직 그 과자만 사서 먹어야 해요. 우리가 고를 수 있는 운동화 종류가 한 가지밖에 없다면, 우리는 그 운동화가 마음에 들지 않더라도 사야만 하지요.

다행히 우리는 다양한 종류의 치킨과 과자, 운동화를 보고 선택할 수 있어요. 바로, 우리나라가 기업과 가계의 자유로운 경제 활동을 보장하고 있기 때문이에요.

==자유==는 우리나라 경제의 주요한 특징 중 하나예요. 우리가 시장에서 다양한 종류의 제품을 만날 수 있는 것은 기업이 생산하고자 하는 물건이나 서비스를 자유롭게 선택할 수 있기 때문이지요. 기업은 물건이나 서비스의 종류뿐만 아니라 얼마만큼 생산할지, 어떻게 생산할지, 어디서 생산할지, 가격은 얼마로 할지도 자유롭게 선택할 수 있어요.

과자 회사를 예로 들어 볼게요. 과자 회사는 소비자들에게 인기가 많은 과자를 다른 과자보다 더 많이 생산해야겠다고 결정할 수 있어요. 이윤을 더 많이 얻을 수 있기 때문이에요. 과자를 만드는 데 쓰이는 재료, 예를 들면 밀가루의 가격이 올랐다면 과자 회사에서는 과자의 가격을 올려야겠다고 결정할 수도 있어요.

기업은 자유롭게 경제 활동을 해요. 그런데 기업만 이러한 자유를 가지는 건 아니에요. 가계도 자유로운 경제 활동을 할 수 있어요. 가계는 생산 활동에 참여한 대가로

　벌어들인 소득을 자유롭게 사용할 수 있어요. 운동화를 사거나 영화를 보는 등 생활하는 데 필요하거나 원하는 물건과 서비스를 스스로 선택하여 구입할 수 있지요. 저축도 하고, 기부도 할 수 있어요. 자신의 결정에 따라 소득을 자유롭게 사용하는 거예요.

　가계의 구성원은 자신이 원하는 직업도 자유롭게 선택할 수 있어요. 개인은 원하는 직업을 얻기 위해 자신의 능력과 실력을 높이려고 노력할 수 있지요. 한 직업을 선택했다가 다른 직업으로 바꿀 수도 있어요. 텔레비전을 보면, 예전에 운동선수로 활약하다가 운동을 그만두고, 연예인이 되거나 다른 직업을 갖는 사람들이 있어요. 그 사람들은 이전과는 다른 생산 활동에 참여하여 소득을 얻는 거예요. 국가에서 강제로 직업을 바꾸라고 했을까요? 당연히 아니에요. 이렇게 가계도 자유로운 경제 활동을 하고 있답니다.

문해력 쏙쏙

우리나라 경제의 특징 중 하나인 ㅈ ㅇ 는 가계와 기업이 자유로운 경제 활동을 하도록 하는 것이다.

　우리는 텔레비전이나 인터넷 등 다양한 *매체를 이용해요. 그리고 이 매체에는 꼭 광고가 있지요. 간혹 광고를 보면 기업들은 '우리 제품이 제일 싸다', '우리 제품이 제일 편리하다'라고 하며 저마다 제품을 팔기 위해 노력해요. 어떨 때는 큰돈을 주고 아주 유명한 스타를 광고 모델로 쓰기도 하지요.

　그런데 여기서 의문이 생겨요. 싼 가격에 질 좋은 물건을 팔거나 광고에 큰돈을 쓰면 기업이 벌어들이는 이윤이 그만큼 줄어들잖아요. 기업은 이윤을 내기 위해 모인 조

★ **매체** 사실, 지식, 정보 등을 사람들에게 알리는 수단을 의미해요.

 직인데 왜 굳이 가격을 낮추고, 품질을 높이고, 게다가 비싼 광고 비용까지 들여가며 제품을 *홍보하는 것일까요?
 여기서 우리나라 경제의 두 번째 특징을 알 수 있어요. 바로 경쟁이랍니다. 기업은 원하는 제품을 자유롭게 생산하여 판매할 수 있어요. 우리나라는 기업의 자유로운 경제 활동을 보장하고 있거든요. 그래서 시장에는 같은

★ 홍보하다 어떤 사실이나 제품 등을 많은 사람들이 알 수 있게 널리 알린다는 뜻이에요.

제품이라 할지라도 여러 기업에서 만든 다양한 제품들을 볼 수 있어요. 가게에 가면 다양한 기업에서 생산한 우유가 진열되어 있는 것처럼요. 그러다 보니 기업은 다른 기업보다 우리 상품을 더 많이 팔기 위해 경쟁할 수밖에 없어요.

기업이 다른 기업과 경쟁하는 모습을 자세히 들여다볼까요? 다시 우유를 예로 들어 볼게요. A기업은 B기업보다 우유 가격을 낮췄어요. 할인을 하는 거예요. 소비자들은 양쪽의 우유 가격을 비교해 보고 더 싼 가격의 우유를 선택해요. A기업이 가격을 낮춘다는 소식을 들은 B기업은 어떻게 할까요? 맞아요. B기업도 가격을 낮추겠지요. 두 기업이 가격 경쟁을 하는 거예요.

기업은 가격뿐만 아니라 품질 면에서도 서로 경쟁해요. 다른 기업보다 더 좋은 품질의 물건을 만들기 위해 수고를 들이지요. 서비스 경쟁도 마찬가지예요. 예를 들어 스마트폰을 생산하는 기업은 품질 경쟁에서 이기기 위해 더 좋은 카메라를 장착한 스마트폰을 만들고자 노력하고, 다른 기업보다 무상 수리 기간을 늘리는 방법으로 서비스 경쟁을 하지요.

가계 역시 기업과 마찬가지로 경쟁을 해요. 가계의 구성원, 즉 개인은 더 좋은 직업이나 일자리를 얻으려고 다른 사람과 경쟁하지요. 텔레비전에서 하는 오디션 프로그램을 본 적 있을 거예요. 수많은 참가자들은 심사위원의 선택을 받기 위해 엄청난 노력을 해요. 선택받지 못하고 탈락하더라도 경쟁을 위해 기울인 노력만큼 성장했을 거고요. 경쟁의 긍정적인 측면이에요. 그러니 자유로운 경쟁은 개인과 기업뿐만 아니라 우리나라의 경제 발전에도 아주 중요한 영향을 미친다고 볼 수 있겠죠?

　소비자인 우리가 시장에서 다양한 물건과 서비스를 만날 수 있는 것, 그리고 기업이 다른 기업보다 더 좋은 물건과 서비스를 생산하여 소비자의 마음을 잡으려는 것은 바로 자유와 경쟁을 특징으로 하는 우리나라 경제의 모습이랍니다.

 문해력 쏙쏙

기업은 다른 기업보다 상품을 더 많이 팔기 위해 ㄱ ㅈ 을 한다.

● 다음 글을 읽고, 질문에 답해 보세요.

누가, 어떻게 책임지는 게 좋을까?

가계와 기업은 우리나라의 경제를 움직이는 두 *축이에요. 그런데 가계와 기업 외에도 경제 활동과 밀접한 관련이 있는 주체가 있어요. 바로 정부예요. 정부는 나라의 살림을 맡아 하는 곳이니 당연히 나라의 경제 활동과 관련된 일도 해요. 역사적으로 보면 정부마다 경제 활동을 하는 모습이 달랐어요. 예를 들어 정부가 가계와 기업의 경제 활동에 아무런 간섭을 하지 않는 경우가 있어요. 이러한 모습은 18~19세기 영국 정부를 보면 알 수 있어요.

18세기 후반 영국에서는 산업 혁명이라는 큰 변화가 일어났어요. 이전과 달리 많은 공장이 세워지고, 공장에는 물건을 대량으로 생산할 수 있는 기계가 갖춰졌지요. 사람들은 돈을 벌기 위해 공장이 있는 도시로 가서 열심히 일했어요. 공장을 소유하고 운영하는 사람들, 또는 공장을 지을 수 있는 땅을 가진 사람들, 기계를 가진 사람들은 어마어마한 돈을 벌어들였지요. 이들을 자본가라고 불러요.

이때 정부는 무엇을 했을까요? 거의 아무런 일도 하지 않았어요. 가계와 기업이 거래하는 시장에 모든 것을 맡겨 두었지요. 정부가 함부로 가계와 기업이 하는 일에 끼어들어서는 안 된다고 생각했어요.

그러다 보니 심각한 문제가 발생했어요. 자본을 가진 자본가들은 엄청난 부를 쌓았지만 공장에서 일하는 사람들은 갈수록 더 가난해진 거예요. 한마디로 빈부 격차가 점점 심해졌지요. 시장이 모든 것을 책임지도록 한 당시 영국 정부의 방식은 옳았을까요?

반면, 1960년대 쿠바 정부는 18~19세기 영국 정부와 다른 방식으로 나라의 경제를 운영했어요. 이들은 정부가 경제 활동에 아무런 간섭도 하지 않고 시장에 자유롭게 맡겼을 때 빈부 격차 등의 심각한 문제가 발생한 것을 역사로 이미 확인했어요. 경제 문제를 해결하려면 정부가 직접 책임지고 관리해야 한다고 생각했지요. 혁명을 일으켜 새로운 정부를 만든 쿠바 사람들은 나라의 모든 자원을 모든 쿠바 사람들에게 공평하게 나눠 주기로 했어요. 그렇게 하면 한쪽만 가난해지거나 굶주리는 일이 없을 것이라 믿었지요. 정부가 쿠바의 땅과 공장, 기업의 주인이 되어 농촌과 공장에서 각각 생산해야 하는 물건과 생산량 등을 직접 결정했어요.

하지만 이 방식에도 문제는 있었어요. 사람들이 모두를 위해 일하도록 하는 게 어려웠지요. 어차피 생산한 식량을 모두 정부가 가져갈 것이고, 모두에게 똑같이 나눠 줄 텐데 굳이 열심히 일할 필요가 없다고 생각한 거예요. 그러다 보니 생산량이 점점 떨어졌어요. 국민들을 힘들게 한 것은 18~19세기 영국 정부와 마찬가지였어요. 쿠바처럼 정부가 나라의 경제와 관련한 모든 일을 책임지고 계획하는 것은 옳았을까요?

오늘날 대부분의 나라는 시장이 완전히 책임지는 방식과 정부가 완전히 책임지는 방식을 혼합하여 경제를 운영하고 있어요. 일부는 정부가 책임지고 일부는 시장이 책임지는 방식이지요. 예를 들면 정부는 국민에게 세금을 거두고, 그 세금을 어디에 어떻게 쓸 것인지를 계획해요. 또 기업이 시장에서 자유롭게 경쟁하며 이윤을 남기는 것을 보장하지만, 기업이 할 수 있는 일과 하면 안 되는 일에 관한 규칙을 만들지요. 가계의 자유와 경쟁을 보장하면서도 모든 국민이 잘 살 수 있도록 *빈곤, *실업 등의 문제를 해결하기 위해 노력해요.

　우리나라도 가계와 기업의 자유와 경쟁을 보장해요. 그러나 한편으로는 경제적으로 소외된 국민을 위한 복지 정책을 펼쳐요. 또 기업 간 과도한 경쟁으로 다른 기업이나 국민이 피해를 보지 않도록 하고, 대기업에 비해 경쟁력이 약한 중소기업을 보호하고 지원하는 법과 정책을 마련해요. 낄 때 끼고, 안 낄 때 안 끼는 정부의 모습이에요.

✽ 축 활동이나 회전의 중심을 뜻해요. .
✽ 빈곤 가난해서 살림이 어려운 상태를 뜻해요.
✽ 실업 일자리를 잃거나 일할 기회를 얻지 못하는 것을 말해요.

● 시장이 모든 경제 활동을 책임지게 하는 제도와 정부가 모든 경제 활동을 계획하고 관리하는 제도에서 생긴 문제점은 각각 무엇인가요?

● 빈부 격차 등 국민이 겪는 경제 불평등 문제를 해결하기 위해 정부와 기업이 할 수 있는 일에는 어떤 것이 있을지 생각해 보세요.

우리나라의 경제 성장

　간단한 수학 문제를 내 볼게요. 69.4 곱하기 1250은 무엇일까요? 답은 86750이에요. 여기서 86750은 어느 나라의 국민 한 사람 한 사람이 벌어들인 소득을 대략적으로 나타낸 수예요. 그러니까 그 나라 국민 한 사람이 1년 동안 86,750원을 벌었다는 거예요. 어느 나라일까요? 바로 우리나라예요. 1954년에 우리나라 1인당 *국민 총소득은 69.4달러였어요. 86,750원은 1달러를 1,250원으로 잡고 계산한 결과이지요.

　어때요? 많은 것 같나요, 적은 것 같나요? 2021년의

✱ **국민 총소득** 한 나라의 국민이 국내와 외국에서 생산 활동에 참여한 대가로 벌어들인 소득의 합계를 가리켜요.

결과와 비교해 볼게요. 2021년에 우리나라 1인당 국민 총소득은 약 4천만 원이에요. 약 8만 원과 4천만 원, 엄청난 차이지요? 1인당 국민 총소득은 그 나라의 경제 발전 정도를 보여 주는 기준이 될 수 있어요. 1인당 국민 총소득의 변화를 보면 1954년부터 현재까지 우리나라가 엄청난 경제 성장을 이루었다는 것을 알 수 있어요. 약 70년 동안 우리나라의 경제는 어떻게 발전해 왔을까요?

1950년에 일어난 6·25 전쟁은 우리나라에 너무나 큰 피해를 주었어요. 수많은 사람이 다치거나 죽고, 집과 건물이 무너졌어요. 물건을 만들어 내는 *산업 시설과 도로도 파괴되었고요. 말 그대로 국토 전체가 *폐허가 되어 버렸어요. 당시 우리나라 사람들은 지금 우리가 상상할 수 없을 만큼 어려운 생활을 했어요. 먹을 것이 없어 밥을 굶는 사람들도 많았어요.

그렇지만 사람들은 주저앉아 포기하지 않았어요. 6·25 전쟁 전 우리나라는 국민 대부분이 농사를 지어 소득을 얻는

---

* **산업** 생활을 경제적으로 풍요롭게 하기 위해 물건이나 서비스를 생산하는 것을 말해요. 농업, 상업, 서비스업 등이 모두 산업에 속해요.

* **폐허** 집 같은 것이 무너져서 못 쓰게 된 터를 의미해요.

농업 중심의 나라였어요. 하지만 전쟁 후에는 생활에 필요한 제품을 만들어 팔아서 소득을 얻는 공업 중심의 나라로 변하고자 했어요. 소득을 벌어들여 가난을 벗어나는 데 농업보다 공업이 더 도움이 된다고 생각했거든요.

하지만 6·25 전쟁으로 대부분의 시설이 파괴된 상황에서 우리나라 스스로 공업을 발전시키는 것은 너무도 어려운 일이었어요. 돈, 시설, 기술 모든 것이 턱없이 부족했기 때문이에요. 그러니 다른 나라의 도움을 받을 수밖에 없었어요. 다른 나라에서는 우리나라 사람들이 먹을 수 있는 식량뿐만 아니라 물건을 만들 수 있는 원료를 값싼 가격에 보내 주었어요.

우리나라는 다른 나라에서 들여온 밀, 면화, *사탕수수를 사용해 밀가루, 면으로 만든 옷, 설탕을 생산했어요. 밀가루, 옷, 설탕 등과 같이 사람들이 먹고 입는 데 쓰이는 물품을 소비재라고 하고, 이러한 물품을 만드는 산업을 소비재 산업이라고 해요. 시설도 기술도 부족했던 1950년대 우리나라에서는 비교적 간단한 기술을 이용해 사람들의 생활에 필요한 제품을 만드는 소비재 산업이 발전하기 시작했어요.

1960년대에 들어서면서 우리나라는 경제를 발전시키기 위해 더욱 노력했어요. 1962년에 정부는 경제 개발 5개년 계획으로 불리는 경제 계획을 수립했어요. 이 계획은 1962년부터 1986년까지 5년 단위로 세워졌는데, 목표는 우리나라에서 생산한 제품을 다른 나라에 *수출해서 돈을

★ **사탕수수** 설탕을 만드는 데 쓰이는 식물이에요. 줄기에서 나오는 달콤한 즙으로 설탕을 만들어요.

★ **수출** 한 나라가 다른 나라에 물건이나 서비스를 파는 것을 가리켜요. 반대로 다른 나라에서 사오는 것은 수입이라고 해요.

벌어들이는 것이었어요.

  당연히 제품을 수출하기 위해서는 시설이 갖춰져 있어야 해요. 먼저 제품을 생산할 공장을 움직여야 하지요. 그러려면 전기와 석유 등이 필요해요. 그래서 정부는 전기를 생산하는 발전소, 석유를 만들어 내는 *정유 공장을 건설했어요. 우리나라는 석유가 나지 않기 때문에 *원유 상태의 석유를 수입했어요. 하지만 원유를 그대로 쓸 수는 없어서 정유 과정을 거쳐야 했지요. 그래서 우리나라에 정유 공장을 만든 거예요.

  다음으로 바닷가에 배가 안전하게 드나들 수 있는 시설이 갖춰진 *항만을 건설했어요. 석유의 원료가 되는 원유 등을 수입하고, 공장에서 생산한 물건을 수출하려면 배가 안전하게 드나들 수 있는 시설이 필요했거든요. 그래서 정부는 바다와 가까운 인천에 항만을 개발했어요.

  게다가 공장에서 항구까지 가능한 한 빠르고 쉽게 제품을 운반하는 것이 좋겠지요? 그래서 정부는 도로를 건설

★ **정유** 원유를 걸러서 깨끗하게 만드는 것을 뜻해요.
★ **원유** 땅속에서 갓 뽑아낸 석유예요.
★ **항만** 배를 대어 사람과 짐을 싣고 내릴 수 있는 시설을 갖춘 곳을 말해요.

했어요. 그중 하나가 서울과 부산을 잇는 경부 고속 국도 예요. 부산은 바다와 가까워 배가 드나드는 데 편리한 지역이에요. 그래서 서울에서 부산까지 쉽고 빠르게 갈 수 있는 도로를 만든 거지요.

정부는 국내에서 생산한 제품을 해외에 수출해 경제 성장을 이루고자 수출하는 데 필요한 시설, 즉 발전소, 정유 공장, 고속 국도, 항만 등을 건설했어요. 그리고 기업이 수출을 많이 할 수 있도록 지원했어요. 예를 들어 기업이 내야 하는 세금을 줄여서 다양한 제품을 생산할 수 있도록 부담을 덜어 주었지요.

그렇다면 기업은 어떤 제품을 생산하여 수출했을까요? 당시 우리나라는 *선진국에 비해 자원과 기술이 부족했기 때문에 자원이 많이 들고, 높은 수준의 기술이 필요한 제품을 만드는 건 어려웠어요. 제품을 만든다고 하더라도 선진국이 만든 제품을 이길 수 없었고요.

하지만 우리나라에게 유리한 점이 하나 있었어요. 일할 사람이 많다는 것, 즉 노동력이 풍부하다는 것이었지요. 기업들은 돈과 기술이 덜 필요하면서 많은 노동력이 필요한 제품을 만들었어요. 바로 신발, 가발, 섬유, 의류 등이에요. 이러한 제품을 만드는 산업을 경공업이라고 해요. 경공업의 '경'은 가볍다는 뜻으로, 부피에 비해 그 무게가 비교적 가벼운 물건을 만드는 산업을 의미하지요.

1960년대에는 경공업 제품을 싼 가격으로 수출했어요. 가격이 싸고 품질이 좋았던 우리나라의 제품은 다른 나

★ 선진국 정치, 경제, 문화 등이 다른 나라보다 앞선 나라를 의미해요.

라에서 인기가 높았어요. 기업의 이윤도 많아지고, 기업에서 일한 가계의 소득도 올라가고, 우리나라의 경제도 성장할 수 있었지요.

👆 **문해력 쏙쏙**

우리나라는 6·25 전쟁 후 다른 나라에서 들여온 밀, 면화, 사탕수수로 사람들이 먹고 입는 데 쓰는 물품을 만드는 ㅅ ㅂ ㅈ ㅅ ㅇ 을, 1960년대에는 풍부한 노동력을 바탕으로 신발, 가발, 의류 등을 만드는 ㄱ ㄱ ㅇ 을 중심으로 경제가 발전했다.

    1960년대 후반, 경공업 제품을 수출하면서 경제를 발전시켜 나가던 우리에게 위기가 찾아왔어요. 우리나라의 경공업 제품을 수입하던 나라들이 자기 나라의 경공업을 보호하겠다며 더 이상 수입을 하지 않기로 한 것이지요. 또 우리나라의 제품보다 더 싸게 제품을 수출하겠다는 나라들도 생겨났고요. 경공업 제품만 생산해서는 경쟁에서 밀릴 것이 뻔했어요.

    그래서 우리나라 정부는 1973년에 <mark>중화학 공업</mark>을 키우겠다는 계획을 발표해요. 중화학 공업은 경공업과는 달리 철강, 배, 자동차 등 무거운 제품이나 플라스틱, 고무 제품, *화학 섬유 제품을 생산하는 산업을 말해요.

　　중화학 공업은 경공업보다 많은 돈과 높은 수준의 기술이 필요한 산업이에요. 그렇지만 경공업 제품보다 중화학 제품은 더 비싼 가격에 팔 수 있어 더 많은 돈을 벌어들일 수 있지요. 정부는 중화학 공업으로 경제를 발전시킬 계획을 세웠어요. 정부는 기술력을 높이기 위해 연구소, 교육 시설 등을 설립했어요. 그리고 기업에 돈을 빌려주어 중화학 공업 제품을 생산할 수 있는 시설을 갖추도록 지원했어요.

★ **화학 섬유** 석유, 석탄, 천연가스 등을 원료로 만든 인공 섬유로, 합성 섬유라고도 불러요.

중화학 공업에는 여러 가지 종류가 있어요. 먼저, 철을 만드는 철강 산업이 있어요. 석유를 원료로 플라스틱, 화학 섬유 등 여러 가지 화학 제품을 만드는 석유 화학 산업도 있지요. 큰 배를 만드는 조선 산업과 자동차를 만드는 자동차 산업도 중화학 공업에 속해요.

철강 산업, 석유 화학 산업, 조선 산업, 자동차 산업 중에서 1970년대에 가장 먼저 발달한 산업이 무엇일까요? 차근차근 생각해 봐요. 어떤 제품을 만들려면 재료가 필요해요. 당시 우리나라는 이 재료를 대부분 다른 나라에서 수입해야 했어요. 그래서 정부는 중화학 공업 중에서도 철강 산업과 석유 화학 산업을 먼저 발전시켰어요.

다른 예를 들어 볼게요. 배나 자동차를 만들려면 철이 필요해요. 다른 나라에서 철을 수입해 오는 것보다 우리나라가 직접 철을 생산하여 그것으로 배나 자동차를 만드는 게 더 좋겠지요. 정부는 철강 및 석유 화학 기업들을 지원하며 이 산업들을 키웠어요. 우리나라는 여러 가지 제품을 만드는 데 필요한 철, 플라스틱 등 다양한 재료를 개발하고 생산하게 되었지요.

비슷한 시기에 기업들은 큰 배를 만들 수 있는 조선소

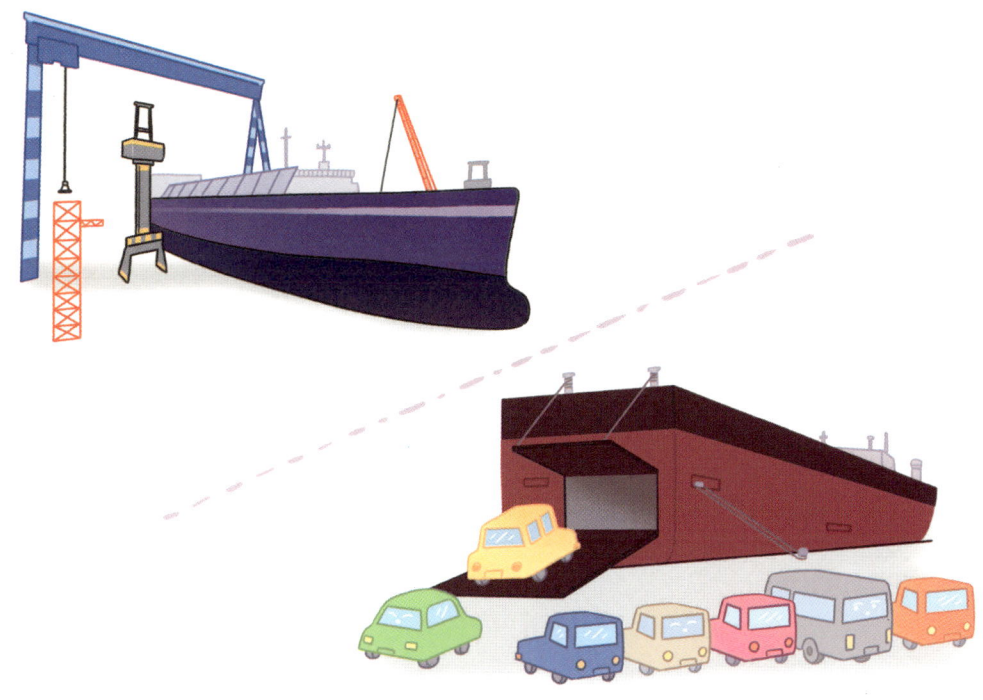

를 건설했어요. '조선'은 배를 만든다는 뜻이고, '조선소'는 배를 만드는 공장이에요. 그런데 왜 큰 배가 필요했을까요? 한 나라에서 생산한 제품을 다른 나라에 수출하려면 제품을 실어 나를 큰 배가 필요해요. 큰 배를 대형 선박이라고 부르는데, 나라 간에 *교역이 활발해지면서 우리나라뿐만 아니라 세계적으로 더 많은 대형 선박이 필요해진 거예요. 이후로 우리나라의 조선 기술은 날로 발

★ **교역** 주로 나라와 나라 사이에서 물건을 사고파는 것을 말해요. 비슷한 말로 무역이 있어요.

전해 조선 산업은 우리나라의 수출을 이끄는 산업이 되었어요.

1980년대에는 우리나라 자동차가 세계 시장에 수출되면서 자동차 산업이 크게 성장했어요. 텔레비전도 우리나라의 주요 수출품으로 자리 잡았고요. 지금도 우리나라의 자동차와 텔레비전은 세계적으로 인기가 높아요.

이렇듯 1970년대와 1980년대에 우리나라는 철강 산업, 석유 화학 산업, 조선 산업, 자동차 산업 등 중화학 공업을 발전시키며 경제적으로 크게 성장했답니다.

문해력 쏙쏙

1970~1980년대에는 철강, 배, 자동차 등 무거운 제품이나 플라스틱, 고무 제품, 화학 섬유 제품을 생산하는 ㅈ ㅎ ㅎ ㄱ ㅇ 이 발전하였다.

　1990년대가 되면서 우리나라의 산업은 변화를 맞게 돼요. 우리나라 기업들이 컴퓨터를 개발하여 생산하기 시작한 거예요. 개인용 컴퓨터가 보급되었고, 관련 산업들이 생겨났어요. 우리나라만의 현상은 아니었어요. 세계적으로 컴퓨터가 생산되고 보급되었지요.

　컴퓨터가 많이 만들어지면서 컴퓨터의 핵심 부품인 반도체가 중요해졌어요. 사실 우리나라 기업들은 1970년대부터 반도체를 연구하고 있었어요. 꾸준히 노력해서 1990년대에는 세계적으로 성능이 뛰어난 반도체를 생산할 수 있게 되었지요. 기술력이 낮아서 1960년대 경공업 제품을 수출했던 우리나라가 1990년대에는 높은 기술력

이 필요한 반도체를 생산해 수출하는 나라로 성장한 거예요. 지금도 반도체는 우리나라의 가장 중요한 수출품이에요. 컴퓨터뿐 아니라 휴대 전화를 만드는 데에도 반도체가 필요해요. 여러분이 지금 사용하는 컴퓨터나 휴대 전화에도 우리나라의 반도체가 사용되었을 거예요.

1990년대 후반부터 정부와 기업은 전국에 *초고속 정보 통신망을 만들었어요. 우리나라가 세계 최고의 인터넷 속도를 갖추게 된 것은 이때부터 노력한 덕분이에요. 초고속 정보 통신망이 마련되면서 사람들 간에 유용한 정보가 빠르게 오갈 수 있게 되었고, 기존에 발달했던 산업들도 더 발전하

* **초고속 정보 통신망** 문자나 동영상, 음성 데이터 등을 아주 빠른 속도로 전송할 수 있는 통신망을 가리켜요.
* **항공 우주 산업** 항공기, 미사일, 로켓 등을 만드는 산업을 말해요.
* **인공위성** 로켓으로 쏘아 올려서 지구 둘레를 돌게 만든 장치를 말해요.

게 되었어요. 또 다양한 인터넷 관련 기업들이 생겨나 정보 통신 기술 산업을 발전시켰어요.

2000년대 이후부터는 최고의 기술력이 필요한 첨단 산업이 발달했어요. 첨단 산업에는 로봇 산업, *항공 우주 산업 등이 있어요. 2022년 6월 21일, 누리호 발사가 성공했다는 소식을 들어 본 적 있나요? 누리호는 우리나라의 기술만으로 만들어진 발사체의 이름이에요. 발사체는 우주 공간까지 *인공위성 등을 실어 나르는 운송 수단이에요. 누리호 발사의 성공은 우리나라가 다른 나라의 힘과 기술을 빌리지 않고, 우리나라 스스로 위성을 쏘아 올릴 수 있는 능력을 갖추게 되었다는 걸 보여 주는 사례예요.

사람들에게 즐거움을 주고

사람들의 생활을 편리하게 해 주는 다양한 서비스 산업도 발전했어요. 대표적으로 의료 서비스 산업이 있지요. 오늘날에는 다른 나라 사람들이 우리나라의 병원을 많이 찾아온다고 해요. 우리나라의 의료 기술이 세계적으로 유명하기 때문이에요. 세계적으로 인정을 받을 정도로 우리나라 의료 서비스 산업이 성장했음을 보여 주지요.

다른 나라의 사람들이 열광하는 것이 또 하나 있어요. 바로 우리나라의 문화예요. '한류'나 '케이팝'이라는 말을 들어본 적 있지요? 우리나라의 가수들이 세계 사람들의 사랑을 받고 있어요. 공연을 보려고 우리나라를 방문하거나 노래를 따라 부르기 위해 우리말을 배우는 외국인들도 많아졌

어요. 우리나라의 영화와 배우들도 세계에서 인정하는 상을 받기도 했지요. 이렇게 우리나라의 문화 관련 산업도 빠르게 발전하고 있어요.

전쟁을 겪은 후 세계에서 가장 가난한 나라 중 하나였던 우리나라는 이제 세계의 경제를 이끄는 나라로 성장했어요. 6·25 전쟁에 참전했던 미국의 맥아더 장군은 "이 나라를 복구하는 데 적어도 100년이 걸릴 것이다."라는 말을 했대요. 그런데 세계가 깜짝 놀랄 정도로 단시간에 놀라운 경제 성장을 이루었어요. 이를 가리켜 '한강의 기적'이라고 부르기도 해요.

1950년대와 비교하면 국제 사회에서 우리나라의 위치는 훨씬 높아졌고 국민의 생활도 더욱 풍요로워졌어요. 그 과정에는 국민들과 정부, 기업의 엄청난 노력이 있었다는 점을 함께 기억하면 좋겠어요.

👍 **문해력 쏙쏙**

우리나라는 1990년대에 반도체 기술과 초고속 정보 통신망을 바탕으로 한 ㅈㅂㅌ ㅅㄱㅅ 산업을, 2000년대 이후에는 최고의 기술력이 필요한 ㅊㄷ 산업과 다양한 ㅅㅂㅅ 산업을 통해 경제 성장을 이루었다.

　우리나라는 짧은 기간 눈부신 경제 성장을 이루었고 이로 인해 우리 삶에도 변화가 생겼어요. 1960년대만 해도 동네에 텔레비전이 1~2대밖에 없어서 사람들은 저녁마다 텔레비전이 있는 집에 모여 함께 방송을 보곤 했어요. 지금은 상상하기 어려운 모습이지요? 1970년대부터 텔레비전이 있는 가정 수가 점점 늘어났고, 경제가 더욱 성장하면서 텔레비전이 가정마다 보급되었어요. 옛날과 달리 집에서 쉽게 텔레비전을 볼 수 있게 되자 방송국도 늘어났고, 방송 프로그램도 다양해졌어요. 이와 관련된 다양한 직업들도 생겨났고요.

　전화기 역시 1970년대만 해도 사람들이 쉽게 가질 수 없는 물건이었어요. 당시 100명 중 2명만 전화기를 가지고 있는 정도였지요. 하지만 경제가 성장하면서 가계의 소득이 높아지고, 전화기를 만드는 기술도 발전하면서 전화기 역시 텔레비전처럼 가정마다 보급되었어요. 지금은 초등학생도 휴대 전화를 가지고 다닐 만큼 많은 사람들에게 널리 사용되고 있지요. 전화를 사용하는 사람들이 많아지면서 우리는 옛날보다 쉽고 편리하게 서로 소식을 전하고 의사소통할 수 있게 되었어요.

그뿐 아니라 가계의 소득이 증가하면서 많은 사람이 자동차도 살 수 있게 되고, 컴퓨터도 살 수 있게 되었어요. 자동차를 이용해 원하는 곳에 쉽게 갈 수 있게 되었고, 더 많은 사람이 컴퓨터를 이용해 다양한 일을 할 수 있게 되었지요. 그리고 자동차나 컴퓨터와 관련된 직업을 가지는 사람들도 늘어났어요.

해외여행을 떠나는 사람들도 늘어났어요. 한때는 정부가 국민들이 관광을 목적으로 해외에 나가는 것을 허락하지 않던 때도 있었어요. 국민이 해외에 나가서 소비를 할 만큼 우리나라의 경제 사정이 좋은 게 아니라고 생각했기 때문이에요. 그러다가 1989년에 누구나 자유롭게 해외여

행을 할 수 있게 되었어요. 점점 더 많은 사람들이 해외로 여행을 가면서 관련 산업도 발달할 수 있었지요. 여행사가 생겨나고 관련 직업도 생겨났어요. 경제 성장으로 사람들의 생활은 옛날보다 풍요로워지고 편리해졌어요.

그뿐 아니라 세계 속에서 우리나라의 *위상도 높아지

★ 위상 다른 것들 사이에서 개인, 단체의 위치나 수준을 뜻해요.

고, 역할도 달라졌어요. 6·25 전쟁 후 우리나라는 매우 가난했지만 2021년에 우리나라의 경제 규모는 세계 10위였어요. 또 올림픽, 월드컵, 엑스포 등의 국제적인 행사를 우리나라에서 개최하기도 했지요.

게다가 자연재해나 어려움을 겪는 다른 나라를 도와줄 수 있는 나라가 되었어요. 2015년에 네팔에서 큰 지진이 일어났을 때 우리나라는 네팔 사람들을 구조하기 위해 긴급 구호대를 보냈고, 코로나 19 감염병으로 어려움을 겪는 나라에 마스크 등의 물품을 보내기도 했어요. 정부뿐만 아니라 국민들도 사정이 어려운 나라를 위해 모금이나 봉사 활동에 참여하고 있어요.

하지만 경제 성장 과정에서 생겨난 문제점도 있어요. 먼저 1960년대 농촌의 젊은 사람들이 도시로 이동하면서 농촌의 일손이 부족해졌어요. 공업 중심의 산업이 발달하면서 도시에 일자리가 많아지자 젊은 사람들이 일자리를 찾아 도시로 이동한 거예요. 사람들이 도시에 몰리면서 도시는 크게 발전했지만 농촌은 그러지 못했어요. 그러다 보니 농촌과 도시의 차이는 점점 더 벌어졌어요.

또, 잘사는 사람과 그렇지 못한 사람들의 소득 차이가

커졌어요. 이를 빈부 격차라고 해요. 빈부 격차는 또 다른 문제를 만들어요. 교육받을 수 있는 기회, 좋은 일자리를 얻을 수 있는 기회 등이 소득이나 재산의 수준에 따라 달라질 수 있거든요. 경제적으로 형편이 어려운 사람들은 기회조차 갖지 못하게 되면서 더 가난해지는 거예요. 심지어 기본적인 의식주 문제를 해결할 수 없어 인간다운 삶을 살지 못하게 되기도 해요.

　이를 해결하기 위해 국회는 가난한 사람들이 인간다운 생활을 할 수 있도록 법을 만들고, 정부는 다양한 복지 정책을 펼치고 있어요. 또 시민 단체나 개인도 봉사 활동을 하며 빈부 격차와 그로 인한 불평등 문제를 해결하기 위해 노력하고 있어요.

경제가 성장하면서 ==환경 오염== 문제도 생겼어요. 무분별하게 산업을 발전시키면서 환경 오염이 심해졌거든요. 공장과 자동차 등에서 나오는 매연으로 공기가 오염되고 공장 폐수와 생활 하수로 물이 오염되었어요.

마지막으로 기업과 노동자 사이에 이해관계가 달라 생기는 문제가 있어요. 이를 ==노사 갈등==이라고 하는데, '노'는 노동자, '사'는 기업을 뜻해요. 기업은 많은 돈을 벌기 위해 적은 비용으로 제품을 생산하고 싶어 하고, 노동자는 좋은 환경에서 높은 임금을 받으며 일하기를 원해요. 이렇게 서로 반대되는 입장을 가진 노동자와 기업 사이에서는 갈등이 발생할 수밖에 없지요. 노사 갈등 문제를 해결하기 위해 기업과 노동자는 함께 노력해야 해요. 대화를 통해 서로의 입장을 이해하고 조금씩 양보하는 자세가 필요하지요.

여기까지 우리나라의 경제 성장의 빛과 그림자에 대해 알아보았어요. 그림자, 즉 빈부 격차, 환경 오염, 노사 갈등과 같은 경제 성장 과정에서 생긴 문제점을 잘 해결하고, 모두가 행복한 우리나라를 만들기 위해 함께 노력해야 해요.

👆 문해력 쏙쏙

경제 성장 과정에서 나타난 문제점으로는 ㄴㅊ 의 일손 부족, ㅂㅂ 격차, ㅎ ㄱㅇㅇ 문제, ㄴㅅ 갈등 등이 있다.

문해력 튼튼

● 다음 글을 읽고, 질문에 답해 보세요.

IMF 외환 위기는 왜 일어나게 되었을까?

모든 일은 1997년 11월 21일 금요일, 우리나라 정부가 'IMF에 구제 금융을 요청하기로 했다.'라는 내용의 발표로부터 시작되었어요. 이 소식은 당시 우리나라의 국민들에게 엄청난 충격을 주었지요.

IMF(국제 통화 기금, International Monetary Fund)는 경제적으로 어려움을 겪는 나라에 돈을 빌려주고 그 나라가 스스로 다시 일어날 수 있도록 도와주는 *국제기구예요. 한 나라가 외국에서 빌린 돈을 갚을 능력을 잃었을 때, 그 나라가 IMF에 도움을 요청하면 일정한 조건을 제시하면서 도움을 줘요. 이때 IMF가 빌려주는 돈을 구제 금융이라고 해요. *파산 직전의 나라를 구해 주는 돈이라는 의미예요.

우리나라는 1990년대 커다란 경제 성장을 이루었어요. 그런데 어느 날 갑자기 다른 곳에서 돈을 빌려야 하는 처지가 된 거예요. 도대체 무슨 일이 벌어졌던 걸까요?

보통 한 나라는 국제 경제가 안 좋아지거나 다른 나라에 진

빚을 갚아야 할 때를 대비해 어느 정도의 돈을 가지고 있어야 해요. 이러한 돈을 *외환 보유액이라고 해요. 일종의 비상금이지요. 외환 보유액은 주로 미국의 화폐인 달러로 마련해 놓아요. 외환이 없으면 다른 나라의 기업과 거래를 하거나 무역을 하기 어려워요. 나라와 나라 사이에 거래나 무역을 할 때는 주로 달러로 계산하거든요. 경제 활동을 하지 않으면 기업은 이윤을 얻을 수 없어요. 기업이 돈을 벌어들이지 못하면 나라는 더 어려워지고요. 경제적으로 어려운 나라와 거래를 하겠다는 나라는 없겠지요. 그러면 나라의 경제는 더더욱 어려워질 수밖에 없어요.

1997년에 우리나라의 외환 보유액은 거의 바닥이었어요. 그동안 우리나라 *금융 기관과 기업에 *자금을 대 주던 다른 나라 금융 기관들이 외환, 즉 달러를 한꺼번에 되찾아 갔기 때문이에요. 외국의 금융 기관들은 당시 한국의 경제가 위태롭다는 것을 이미 알고, 우리나라에 빌려준 돈을 거둬간 것이었지요.

이때 한국은 30여 년 동안 급격하게 경제 성장을 겪은 후라 그 과정에서 쌓인 여러 가지 문제점이 쌓인 상태였어요. 특히 기업들이 외국의 자금에 의존하여 과잉 투자를 벌이기도 했지요. 또한 국제 시장에서 우리나라 기업의 경쟁력이 조금씩 약해지고, 수출도 줄어들었어요. 세계 경제도 분위기가 좋지 않았지요. 그런데 정부는 경제 문제가 얼마나 심각한지 제대로 파악하지도 못한 상황이었어요. 어쩌면 우리나라는 자만했을 수도 있어요. 그동안 우리나라의 경제는 짧은 시간 동안 세계가 놀랄 만큼 훌쩍 성장했으니까요. 그간 우리나라에 투자했던 외국의 금융 기관들은 경제 위기를 맞은 한국에 돈을 계속 빌려주다가는 손해를 입을 수 있다고 생각했을 거예요.

외환을 한꺼번에 되찾아간 탓에 우리나라 외환 보유액은 줄어들었어요. 당시 우리나라는 기업뿐만 아니라 나라의 빚도 많았는데, 당장 빚을 갚을 돈이 없어진 정부는 결국 IMF에 돈을 빌리기로 결정했지요.

IMF는 돈을 빌려주는 조건으로 우리나라가 경제 문제를 해결하고 경제 구조를 개선할 것을 요구했어요. 우리나라는 IMF의 요구를 따르는 과정에서 많은 기업과 금융 기관이 문을 닫았고, 수많은 사람이 일자리를 잃었어요. 경제적 어려움으로 가족이 뿔뿔이 흩어지기도 했지요. 이때를 두고 'IMF 외환 위기'라고 해요.

우리나라는 IMF에 빌린 돈을 갚기 위해 많은 노력을 했어요. 특히 국민은 정부와 함께 위기를 극복하는 데 적극적으로 참여했어요. 그중 하나가 '금 모으기 운동'이에요. 국제 경제에서 금은 달러처럼 쓰여요. 한 나라가 금을 보유하면 그만큼 외환이나 달러를 보유한 걸로 평가받을 수 있지요. 이 점을 활용해 누군가가 금 모으기 운동을 제안했어요. 집마다 가지고 있는 금을 모아 나라의 빚을 갚자는 것이었지요.

수많은 국민이 금 모으기 운동에 참여했어요. 집에 있던 금을 내놓으려는 사람들이 길게 줄 서 있는 모습이 뉴스에 연일 나왔어요. 이를 본 세계인들은 깜짝 놀랐지요. 전국에서 많은 양의 금이 모였고, 우리나라는 적지 않은 외환을 보유할 수 있었어요.

우리나라는 3년 8개월 만에 IMF에 빌린 돈을 갚고 외환 위기에서 벗어났어요. 정부와 기업, 그리고 국민들의 피땀 어린 노력 덕분에 비교적 빨리 IMF 외환 위기를 끝낼 수 있었지요. 그러나 그 과정에서 실업자가 늘고, 서민 경제가 위태로워지는 등 또 다른 문제를 불러오기도 했답니다.

* 국제기구 어떤 국제적인 목적과 활동을 위해 두 나라 이상의 회원국으로 구성된 단체를 말해요. IMF는 2022년 11월 기준 우리나라를 포함해 세계 190개의 회원국으로 구성되어 있어요.
* 파산 재산을 모두 잃고 망한다는 뜻이에요.
* 외환 다른 나라와의 거래 또는 무역에서 결제할 때 사용되는 돈을 뜻해요. 그래서 외환 보유액은 가지고 있는 외환의 액수를 뜻해요.
* 금융 기관 은행, 보험 회사 등 개인과 기업이 저축하고, 개인과 기업에 돈을 빌려주는 일을 하는 곳을 말해요.
* 자금 특별한 목적에 쓰는 돈을 가리켜요.

● 우리나라가 IMF 외환 위기를 겪게 된 까닭은 무엇인가요?

● IMF 외환 위기 당시 금 모으기 운동에 참여한 사람들의 마음이나 생각은 어떠하였을지 상상해 봅시다.

세계 속의 우리나라 경제

　지금부터 주변에 있는 물건을 살펴보세요. 혹시 다른 나라에서 만들어 우리나라에 들어온 것이 있나요? 제품의 겉면에 적혀 있는 글이나 제품에 붙어 있는 꼬리표를 보면 알 수 있어요. 선생님 필통 속에 있는 연필은 독일에서 만들어진 거예요. 티셔츠는 방글라데시에서 만들어졌다고 쓰여 있어요. 여러분이 가지고 있는 물건은 어느 나라에서 만들어졌나요?

　평소에 우리가 사용하는 물건 중에는 다른 나라에서 만들어진 것들이 꽤 있어요. 우리가 다른 나라의 물건을 구할 수 있는 까닭은 무엇일까요?

　맞아요. 국가들이 서로 물건을 사고팔기 때문이에요.

시장에서 물건을 사고파는 것처럼 세계라는 큰 시장에서 나라와 나라가 물건을 서로 사고팔아요. 1980년대에 우리나라가 자동차를 다른 나라에 팔았던 것처럼요.

다른 나라에서 사오거나 다른 나라에 팔 수 있는 건 물건뿐만이 아니에요. 사람들의 생활을 편리하게 하거나 사람들에게 즐거움을 주는 일, 즉 서비스도 사고팔 수 있어요.

예를 들어 2000년대 이후부터 우리나라는 의료 서비스 산업이 발달했어요. 다른 나라에 살고 있는 사람들도 병원 치료를 받기 위해 우리나라를 찾곤 해요. 우리나라 병원의 입장에서는 의료 서비스를 파는 일이고, 다른 나라 사람의 입장에서는 의료 서비스를 사는 일이에요. 이렇게 나라와 나라 사이에 물건이나 서비스를 사고파는 일이 이루어져요. 이것을 무역이라고 해요.

무역은 왜 하는 걸까요? 우리나라 사람들에게 필요한 모든 것을 우리나라에서 생산할 수는 없을까요? 다른 나라의 물건이나 서비스를 수입하면 그 나라에 돈을 줘야 하니 손해일 텐데 말이에요. 자, 다음 사례를 함께 보도록 하죠.

A와 B 두 나라가 있어요. 두 나라는 각각 잘하는 것과

못하는 것이 다르고, 많이 가지고 있는 것과 부족한 것도 서로 달라요. 이럴 때는 어떻게 하는 것이 서로에게 좋을까요?

맞아요. 원유가 필요한 A 나라는 B 나라에서 원유를 수입하고, B 나라는 A 나라에서 자동차, 가전제품, 휴대 전화를 수입하면 되겠어요.

즉, 두 나라는 서로 자신의 나라에 부족한 것은 다른 나라에서 수입하고, 풍족한 것은 다른 나라에 수출해야 해요. 나라마다 자연환경, 자원, 기술 등이 다르기 때문

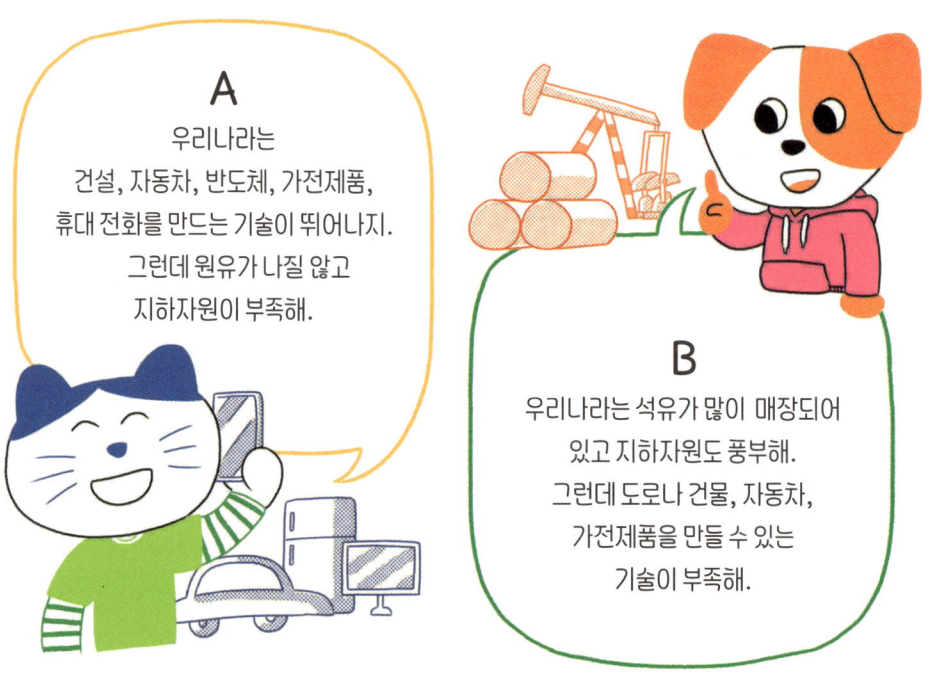

A
우리나라는 건설, 자동차, 반도체, 가전제품, 휴대 전화를 만드는 기술이 뛰어나지. 그런데 원유가 나질 않고 지하자원이 부족해.

B
우리나라는 석유가 많이 매장되어 있고 지하자원도 풍부해. 그런데 도로나 건물, 자동차, 가전제품을 만들 수 있는 기술이 부족해.

에 더 잘 만들 수 있는 물건이나 서비스가 달라요. 그래서 서로의 부족한 부분을 채울 수 있는 무역이 이루어지는 거예요.

문해력 쏙쏙

나라와 나라 사이에 물건이나 서비스를 사고파는 일을  이라고 한다.

우리나라는 세계 어느 나라와 무역을 할까요? 오른쪽의 그래프는 2021년에 우리나라가 수출을 많이 한 10개의 나라, 수입을 많이 한 10개의 나라를 나타내고 있어요. 우리나라는 중국, 미국, 베트남 등의 나라에 수출을 많이 하고, 중국, 미국, 일본 등의 나라에서 수입을 많이 한다는 것을 알 수 있어요. 세계 여러 나라와 무역을 하지만 그중에서도 중국, 미국, 베트남, 일본 등과 경제 교류를 더 많이 하고 있는 것이지요.

우리나라의 주요 수출품은 무엇일까요? *통계를 보면

★ **통계** 어떤 일이 생기거나 일어나는 수를 모두 합해 계산하는 것 또는 그렇게 계산해서 나온 수치를 뜻해요.

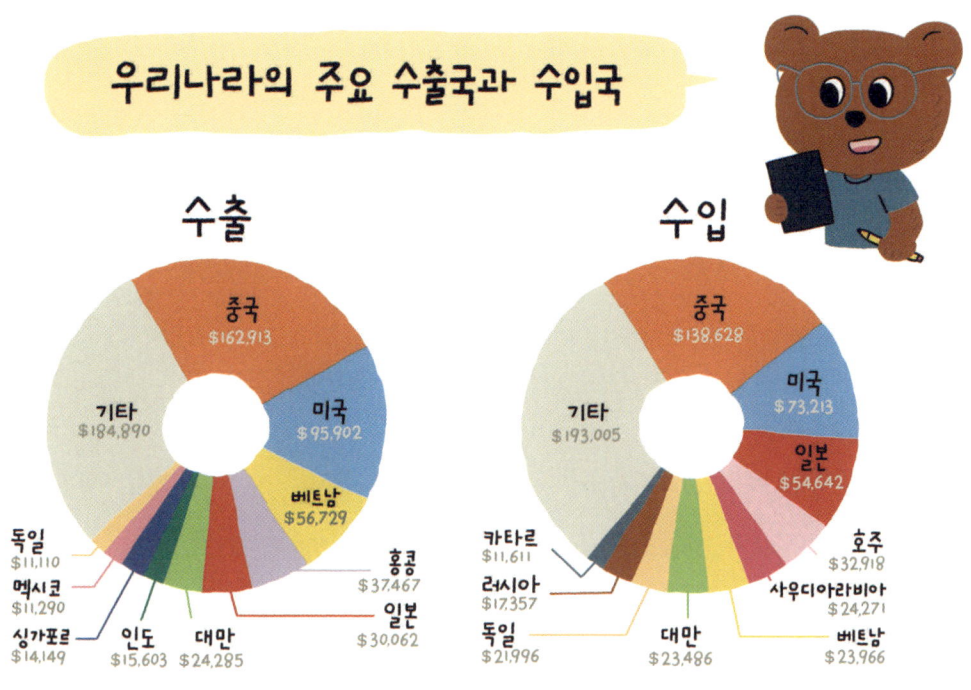

▲ 한국무역협회 2021년 국가 수출입 통계(기간: 2021년 1월 ~ 2021년 12월, 단위 천불)

2021년에 우리나라가 가장 많이 수출한 제품은 1위 반도체, 2위 자동차, 3위 석유 제품이에요. 반도체와 자동차의 순위는 이해가 되지만 원유가 나지 않는 우리나라에서 석유 제품을 수출한다는 것이 이상하지요? 우리나라는 원유를 수입해야 해요. 하지만 원유를 가공하고 처리하는 기술이 뛰어나서 수입한 원유를 이용해 다양한 석유 제품을 만들어 수출한답니다.

반대로 우리나라의 주요 수입품은 무엇일까요? 원유를

많이 수입할 것이라는 건 여러분도 예상할 것 같아요. 통계에 따르면 2021년에 우리나라가 가장 많이 수입한 것은 1위 원유, 2위 반도체, 3위 천연가스였어요. 우리나라는 자원이 부족하니까 당연히 원유와 천연가스를 많이 수입하고 있지요.

그런데 반도체를 수입한다는 점이 조금 이상하지 않나요? 반도체는 우리나라의 주요 수출품인데 말이에요. 사실 이 반도체는 우리가 수출하는 반도체와는 다른 것이에요. 반도체에는 메모리 반도체와 비메모리 반도체가 있는데, 우리나라는 메모리 반도체를 수출하고, 비메모리 반도체를 수입하고 있어요. 어때요? 우리나라의 주요 수출품과 수입품, 이제 확실히 알게 되었죠?

👆 **문해력 쏙쏙**

우리나라는 세계 여러 나라 중 중국, 미국, 베트남, 일본 등과 ㄱ ㅈ ㄱ ㄹ 를 많이 하고 있다.

　여러분이 좋아하는 음식은 무엇인가요? 비빔밥, 된장찌개 등 우리나라 음식을 좋아할 수도 있고 피자, 햄버거, 쌀국수 등 다른 나라에서 온 음식을 좋아할 수도 있어요. 우리는 다른 나라에 직접 가지 않고도 생활 속에서 다른 나라의 음식을 쉽게 접할 수 있어요. 과일 가게에 가면 망고, 바나나, 파인애플 등 다른 나라에서 들여온 과일도 많지요.

　음식이나 과일만이 아니에요. 우리는 우리나라에서 만든 영화도 보지만 다른 나라에서 만든 영화도 많이 봐요. 다른 나라에서 만든 영화를 수입해 우리나라의 영화관에서 상영하지요. 물론 우리나라 영화를 외국에 수출하기도 해요. 우리는 다른 나라의 경제 교류를 통해 그 나라의 물건이나 서비스를 쉽게 구입할 수 있어요. 그만큼 소비자로서 선택의 폭이 넓어진 거예요. 이 외에 다른 나라와의 활발한 경제 교류가 우리나라 가계와 기업의 경제 활동에 미친 영향은 어떠한 것들이 있을까요?

먼저 가계의 경우, 사람들은 우리나라 기업뿐만 아니라 다른 나라 기업에서 일자리를 얻어 일할 수 있게 되었어요. 우리나라에 세계 여러 나라의 기업이 들어와 있기 때문이에요. 예를 들어 자동차 회사에 취직하고 싶은 사람은 우리나라 자동차 회사뿐만 아니라 우리나라에 들어와 있는 외국의 자동차 회사에서도 일할 수 있어요. 아예 다른 나라에 가서 그곳에 있는 자동차 회사에서 일할 수도 있고요. 이렇듯 다른 나라와의 경제적 교류가 활발해지면서 사람들의 ==경제 활동 범위==가 넓어지게 되었답니다.

다른 나라와의 경제 교류는 기업의 경제 활동에도 큰 영향을 끼쳐요. 특히 다른 나라의 기업과 새로운 기술과 아이디어를 주고받을 수 있다는 점이 주목할 만하지요. 예를 들어 볼게요. 사람들은 우리나라 기업의 휴대 전화

도 쓰지만 다른 나라 기업의 휴대 전화도 사용해요. 기업의 입장에서는 소비자들의 선택을 받기 위해 소비자들이 좋아할 만한 기능과 디자인의 제품을 개발하기 위해 노력할 거예요. 이때 각 기업은 다른 기업의 제품을 살펴보겠지요. 어떤 기술을 사용했는지, 어떤 디자인을 적용했는지, 소비자들이 좋아하는 점이 무엇인지 등을 연구하고 경쟁 기업보다 더 우수한 제품을 만들기 위해서요. 이러한 과정에서 우리나라 기업은 다른 나라 기업과 기술이나 아이디어를 주고받고 경쟁하며 더 발전할 수 있어요.

또한, 우리나라 기업이 외국에 진출할 수 있어요. 기업의 경제 활동 범위가 세계로 넓어지는 거예요. 실제로 우리나라 자동차 회사는 다른 나라에 공장을 세워 자동차를 생산해요. 그 나라 사람들에게 일자리를 제공하고, 그 나라에서 자동차를 판매하지요. 회사의 입장에선 그 나라의 값싼 노동력을 활용해 자동차를 생산하고, 운반 비용을 줄이면서 회사의 이윤을 높일 수 있어요. 그 나라 사람들의 입장에서는 일자리를 얻을 수 있고, 일의 대가로 소득을 벌 수 있어요.

지금까지 다른 나라와의 경제 교류가 가계와 기업의 경

제 활동에 미친 영향을 알아보았어요. 국가 간의 활발한 경제 교류는 경제 활동 범위를 넓혀 각 나라들이 서로 부족한 점을 보완하며 이익을 얻을 수 있게 만든답니다.

 문해력 쏙쏙

우리나라가 다른 나라와 활발하게 경제 교류를 하면 ㄱㅈㅎㄷㅂㅇ 가 넓어지게 되고, 기업은 다른 나라의 기업과 새로운 기술과 아이디어를 주고받으며 발전할 수 있다.

　다른 나라와 경제 교류가 늘 장점만 있는 것은 아니에요. 문제가 발생하기도 해요. 특히 다른 나라가 우리나라 물건을 수입하지 않을 때 문제가 생기지요. 우리나라가 무역을 통해 이익을 얻으려면 수입보다 수출을 많이 해야 해요. 그런데 다른 나라에서 우리나라의 물건이나 서비스 수입을 줄인다면 어떻게 될까요? 우리나라의 수출량이 줄어드는 거예요.

　생활에 필요한 물건을 수입하지 못하는 일도 일어나요. 오늘날 사람들이 많이 마시는 커피의 재료인 커피 열매는 전부 수입에 의존해요. 우리나라에서 생산되는 커피 열매는 거의 없다는 말이지요. 그런데 만약 커피 열매를 수출하는 나라에서 우리나라에 커피 열매를 수출하지 않겠다고 하거나 수출하는 양을 줄인다면 어떻게 될까요? 우리나라에서는 그만큼 커피의 가격이 높아지고, 커피 열매를 수입할 다른 나라를 찾아야 하는 어려움이 생기지요.

이런 일도 있어요. 각 나라는 수입하는 물건에 세금을 매겨요. 이러한 세금을 관세라고 해요. 예를 들어 우리나라의 세탁기를 수입하는 A 나라가 있다고 해 볼게요. A 나라에서 판매되는 세탁기의 가격에는 관세까지 포함돼요. 만약 A 나라에서 우리나라 세탁기에 관세를 많이 *부과하면 A 나라에서 판매될 우리나라 세탁기의 가격이 어떻게 될까요? 당연히 가격이 올라가겠지요. 가격이 높은 우리나라의 세탁기는 A 나라 소비자들의 선택을 받지 못할 가능성이 높아요.

이렇게 높은 관세를 매기는 것은 자기 나라의 경제를 보호하는 방법이기도 해요. 관세가 포함되어 가격이 비싸진 외국 제품보다 그 나라에서 만든 제품이 더 쌀 테

★ **부과하다** 세금이나 벌금을 매겨 내게 하는 것을 뜻해요.

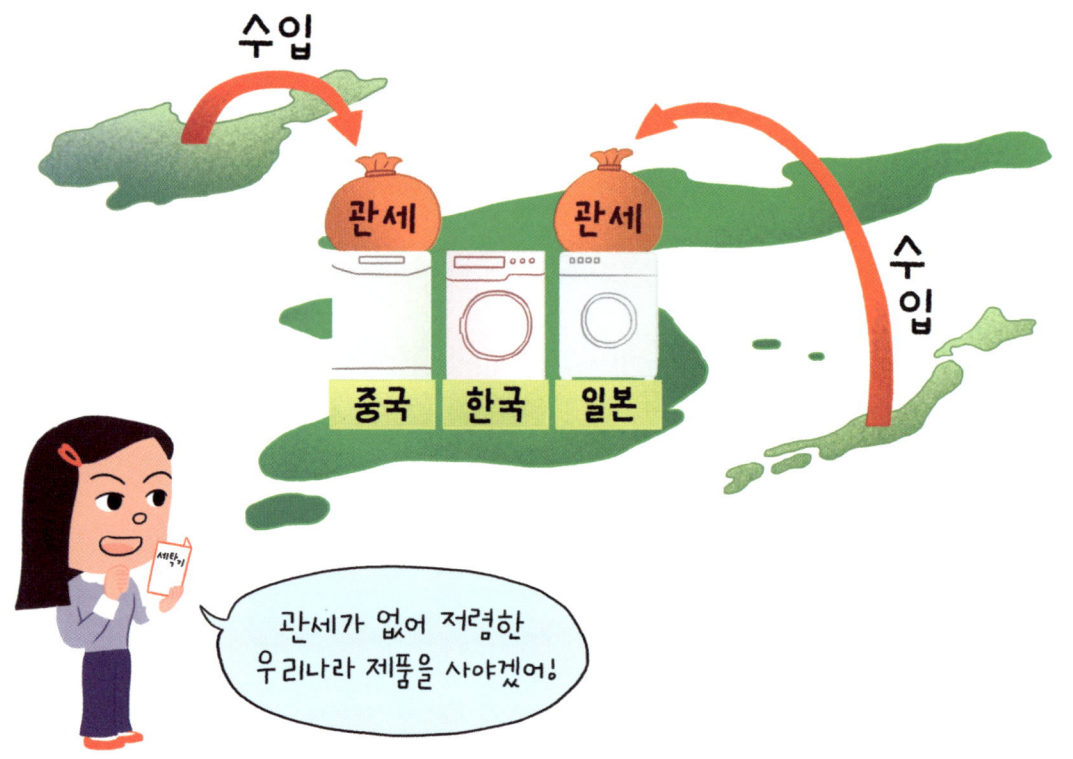

고, 그러면 소비자들은 더 값싼 제품을 선택할 테니까요.

무역을 하는 과정에는 다양한 이해관계가 얽혀 있어요. 각 나라는 당연히 자기 나라에 이익이 되는 방향으로 경제 교류를 해요. 수출은 많이 하고, 국민들에게 필요한 물건이나 서비스는 안정적으로 수입해 오기 위해 힘써요. 그러면서도 자기 나라의 기업과 경제를 보호하려고 하지요. 그러다 보니 나라 사이에 무역으로 인한 문제가 생기게 돼요.

여러분의 생활 속에서도 다른 나라와 경제 교류를 하

는 모습을 찾아볼 수 있어요. 여러분이 사용하는 물건 중에 다른 나라에서 수입한 물건이 있는지, 내가 먹은 음식의 재료 중 다른 나라에서 수입한 것이 있는지, 여러분이 사는 지역에 다른 나라의 기업이 있는지 등을 찾아보세요. 그리고 그 과정에서 어떤 이익과 문제가 발생했을지 생각해 보는 시간을 가져 보세요.

 문해력 쏙쏙

다른 나라에서 수입하는 물건에 매기는 세금을 ㄱ ㅅ 라고 한다.

문해력 튼튼

● 다음 글을 읽고, 질문에 답해 보세요.

공정 무역은 왜 필요할까

아사모아와 사라는 늘 초콜릿 맛이 궁금했어요. 한 번도 먹어 본 적이 없거든요.

"오빠, 초콜릿은 어떤 맛일까?"

"바나나처럼 달콤하기도 하고 카카오 콩처럼 쓰기도 하대."

아사모아네 마을에서 길러 낸 카카오 콩은 모두 외국에 팔아요.

초콜릿 공장이 있는 나라에 수출하는 거지요. 가나는 외국의 공장에서 만든 초콜릿을 다시 수입해요. 하지만 값이 너무 비싸서 사 먹을 수가 없어요. 40그램짜리 작은 초콜릿 1개에는 카카오 콩 40개 정도가 들어가는데, 값은 카카오 콩 1000개 값과 맞먹으니까요. 카카오 콩은 무지 싼데, 그것으로 만드는 초콜릿은 왜 그렇게 비싼지 아사모아는 알 수 없었어요.

(……)

어느 날, 영국에서 웬 사람들이 조합을 찾아왔어요. 그 사람들이 콩값을 더 주겠다고 했어요. 마을 사람들은 처음에는 그들의 말을 믿지 못했어요. 카카오 콩을 사 가는 사람들은 늘 한 푼이라도 덜 주려고 했으니까요.

"당신들이 누군데 콩값을 더 주겠다는 거요?"

"우리는 공정 무역을 하는 사람들입니다."

"공정 무역이 뭐요?"

"나라와 나라 사이에 공평하고 올바르게 물건을 사고파는 일을 공정 무역이라고 해요. 예를 들면 초콜릿을 만드는 회사가 농부들이 생산한 카카오 콩을 정당한 값을 주고 사 간다는 뜻이지요."

초콜릿 회사가 있는 잘사는 나라에도 제값을 주고 카카오 콩을 사 가는 것이 옳은 일이라고 생각하는 사람들이 있었던 거예요. 그런 사람들이 만든 단체에서 아사모아네 마을 사람들이 공정 무역으로 카카오 콩을 팔 수 있도록 도와주려고 찾아온 거였어요.

(……)

"천 원짜리 초콜릿 하나를 팔면 농부들한테 40원이 돌아가요."

영국 사람 말에 마을 어른들이 웅성거렸어요.

"그럼 나머지는 누구한테 돌아가는 거요?"

"초콜릿에는 다른 재료도 들어갑니다. 운반비와 제조비도 들지요. 나라에서 세금도 걷어 가고요. 나머지는 초콜릿 회사와 상점의 이익이에요."

아빠가 한숨을 쉬며 물었어요.

"콩값이 내려가면 누가 이득을 보는 거요?"

"그야 초콜릿 회사지요."

"그럼 우리가 가난해질수록 초콜릿 회사는 부자가 되는 거로군."

"공정 무역을 하면 여러분한테 돌아가는 몫이 조금이나마 커져요. 최저 가격을 보장하니까요. 마을 공동체를 위한 돈도 따로 드리고요."

"우리한테 돈을 더 준다니, 그 돈은 어디서 나오는 거요?"

"소비자들이 조금 비싼 값에 초콜릿을 사는 거예요."

마을 사람들은 세상이 어떻게 돌아가는지 비로소 알게 되었어요.

- 아사모아와 아사모아의 동생이 초콜릿을 한 번도 먹어 본 적 없는 이유는 무엇인지 적어 보세요.

- 공정 무역을 시작한 후 아사모아네 마을에는 어떠한 변화가 생겨났을지 생각해 보세요.

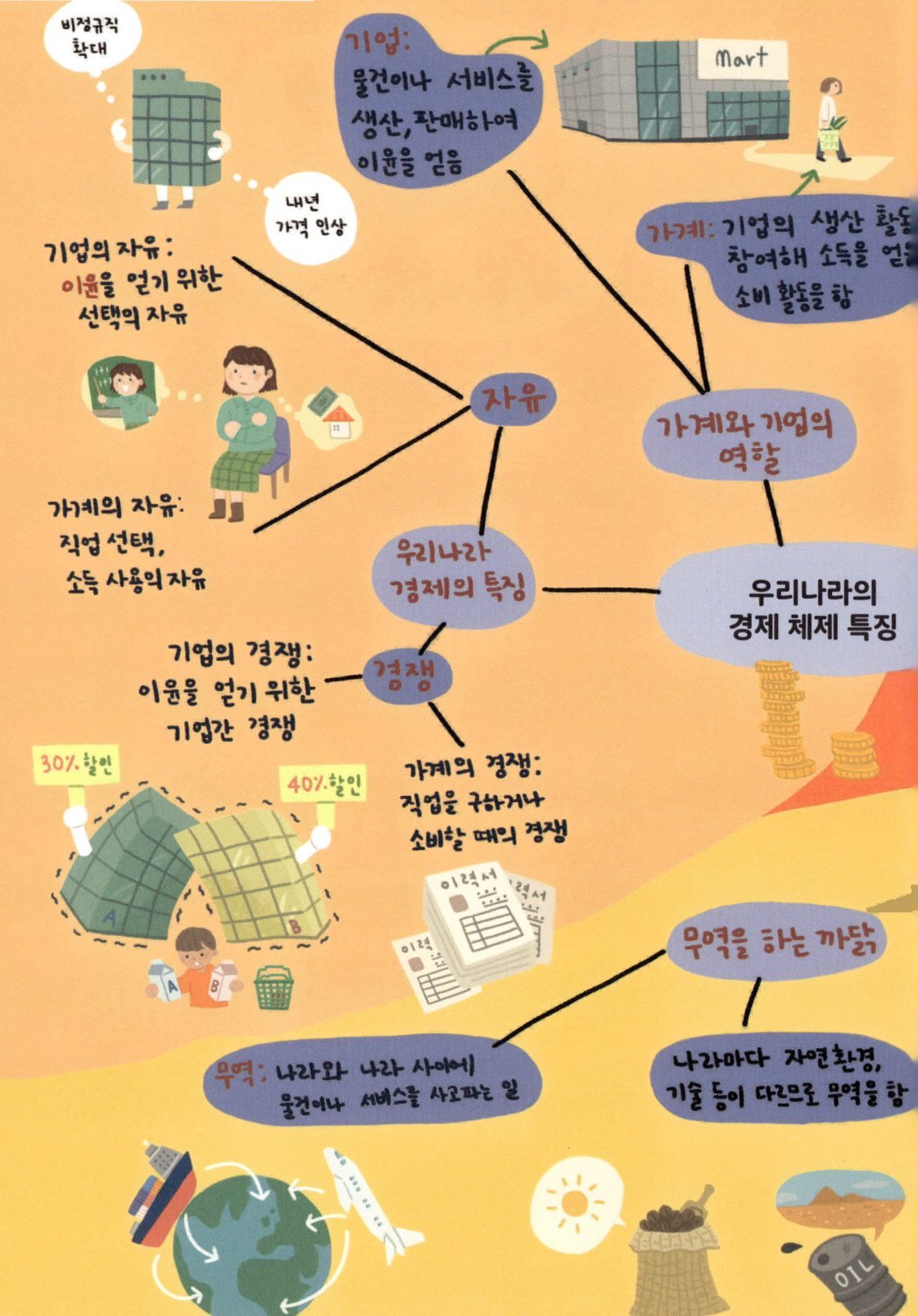

문해력 쏙쏙 모아 보기

앞에서 읽은 내용을 떠올리며, 빈칸에 들어갈 개념들을 써 보세요. 기억이 잘 나지 않을 때는 옆에 적힌 쪽에서 힌트를 얻을 수 있어요.

- 4·19 ◯◯◯◯◯◯ 은 시민들이 독재 권력을 무너뜨린 혁명으로 우리나라뿐만 아니라 전 세계 역사에 널리 소개되고 있는 자랑스러운 우리 역사다. ·········· ▶ 19쪽

- 5·18 ◯◯◯◯ 당시의 상황을 생생하게 기록한 사진, 영상, 일기 등은 민주 정신을 인정받아 2011년 유네스코 ◯◯◯◯◯◯ 으로 지정되었다. ··· ▶ 24쪽

- 전두환 정권의 권력 유지 시도를 막아 내고 국민들의 힘으로 민주주의를 이룬 사건을 6 ◯ ◯◯◯ 이라고 한다. 이를 통해 지금처럼 대통령을 국민이 직접 뽑을 수 있는 대통령 ◯◯◯ 가 시행되었다. ················ ▶ 29쪽

- ◯◯◯ 란 좁은 의미로는 정치인이 국민의 다양한 ◯◯◯ 를 조정해서 국가를 더 살기 좋게 만드는 것이고, 넓은 의미로는 공동의 ◯◯ 를 함께 해결해 나가는 것을 뜻한다. ··· ▶ 39쪽

- ◯◯◯ 의 원칙은 다수의 의견이 소수의 의견보다 조금은 더 합리적일 수 있다는 생각으로 다수의 의견을 따르는 것이다. ··············· ▶ 45쪽

- 민주주의의 기본 원리로는 국민 ◯◯ 의 원리, 국민 ◯◯ 의 원리, ◯◯ 의 원리, ◯◯◯ 의 원리가 있다. ··············· ▶ 55쪽

- 우리나라의 ○○○, 즉 ○○는 국회 의원들이 모여 나라의 중요한 일을 의논하고 결정하는 국가 기관이다. 이곳은 국민의 생각을 반영하여 ○○을 만드는 등 다양한 역할을 한다. ··· ▶ 59쪽

- ○○○는 국회에서 만든 법을 집행하는 곳이며, 최고 책임자인 ○○○은 5년의 임기 동안 나라의 중요한 일을 결정하고, 국무총리와 행정 각 부 장관 등을 임명한다. ··· ▶ 62쪽

- ○○○은 법을 근거로 하여 ○○을 하는 기관으로, 사람들 사이에 일어난 갈등을 해결하고 피해를 입은 사람을 도와준다. 또 죄를 지은 사람은 ○○하기도 한다. ···· ▶ 65쪽

- 가정 살림을 함께하는 생활 공동체를 가리켜 ○○, 구성원들이 생산 활동을 하는 곳을 ○○이라고 한다. 더불어 이 둘이 서로 물건이나 서비스를 사고팔기 위해 만나는 곳을 ○○이라고 한다. ··· ▶ 81쪽

- 우리나라 경제의 특징 중 하나인 ○○○는 가계와 기업이 자유로운 경제 활동을 하도록 하는 것이다. ··· ▶ 85쪽

- 기업은 다른 기업보다 상품을 더 많이 팔기 위해 ○○○을 한다. ················· ▶ 89쪽

- 우리나라는 6·25 전쟁 후 다른 나라에서 들여온 밀, 면화, 사탕수수로 사람들이 먹고 입는 데 쓰는 물품을 만드는 ○○○○○을, 1960년대에는 풍부한 노동력을 바탕으로 신발, 가발, 의류 등을 만드는 ○○○○을 중심으로 경제가 발전했다. ········· ▶ 103쪽

- 1970~1980년대에는 철강, 배, 자동차 등 무거운 제품이나 플라스틱, 고무 제품, 화학 섬유 제품을 생산하는 ○○○○○○이 발전하였다. ····································· ▶ 108쪽

- 우리나라는 1990년대에 반도체 기술과 초고속 정보 통신망을 바탕으로 한 ◯◯◯ 산업을, 2000년대 이후에는 최고의 기술력이 필요한 ◯◯ 산업과 다양한 ◯◯ 산업을 통해 경제 성장을 이루었다. ················· ▶ 113쪽

- 경제 성장 과정에서 나타난 문제점으로는 ◯◯ 의 일손 부족, ◯◯ 격차, ◯◯◯ 문제, ◯◯ 갈등 등이 있다. ················· ▶ 120쪽

- 나라와 나라 사이에 물건이나 서비스를 사고파는 일을 ◯◯ 이라고 한다. ········ ▶ 131쪽

- 우리나라는 세계 여러 나라 중 중국, 미국, 베트남, 일본 등과 ◯◯◯◯ 를 많이 하고 있다. ································· ▶ 134쪽

- 우리나라가 다른 나라와 활발하게 경제 교류를 하면 ◯◯◯◯ 가 넓어지게 되고, 기업은 다른 나라의 기업과 새로운 기술과 아이디어를 주고받으며 발전할 수 있다. ································· ▶ 139쪽

- 다른 나라에서 수입하는 물건에 매기는 세금을 ◯◯ 라고 한다. ················ ▶ 143쪽

찾아보기

ㄱ

가계	78
간접 민주 정치	53
경공업	102
경쟁	87
경제 개발 5개년 계획	99
경제 교류	132
경제 활동 범위	136
관세	141
교역	107
국무 회의	62
국민 자치의 원리	53
국민 주권의 원리	52
국민 총소득	96
국제 기구	125
국회	56
국회 의원	57
권력 분립의 원리	55
규탄하다	16
기업	78

ㄴ-ㄷ

남용	58
노사 갈등	119
다수결의 원칙	41
대통령	60
대통령 직선제	25
독재	18

ㅁ

매체	86
무역	129
민주적인 의사 결정 원리	41
민주주의	14

ㅂ

반도체	109
법률	57
법원	63
부과하다	141
빈부 격차	118

ㅅ

| 사법부 | 63 |

153

4·19 혁명	18	**ㅈ**	
사탕수수	99	자유	39, 83
산업	97	재판	64
삼권 분립	55	정보 통신 기술 산업	111
3심 제도	65	정유	100
생산	77	정치	36
서비스 산업	112	정치권력	53
선거	16	존엄성	39
선진국	102	중화학 공업	104
소득	77	직무	58
소비재 산업	99	집권	16
수출	99	**ㅊ-ㅍ**	
시장	79	처벌	64
ㅇ		첨단 산업	111
5·18 민주화 운동	24	초고속 정보 통신망	110
외환	122	통계	132
원유	100	평등	39
6월 민주 항쟁	27	폐허	97
이해관계	36	**ㅎ**	
입법부	56	항공 우주 산업	110
입헌주의의 원리	55	항만	100

해태	56
행정부	60
헌법	16
홍보하다	87
화학 섬유	104
환경 오염	119

출처 및 참고 자료

자료 출처

- 15쪽 사진 (사)3·15의거기념사업회 제공
- 30~33쪽 배성호, 주수원 글·이재임 그림, 《선생님, 정치가 뭐예요?》, 철수와영희, 2021.
- 46~48쪽 배성호, 주수원 글·김규정 그림, 《선생님, 헌법이 뭐예요?》, 철수와영희, 2019.
- 66~68쪽 김신범, 배성호 글·홍윤표 그림, 《선생님, 유해 물질이 뭐예요?》, 철수와영희, 2022.
- 144~146쪽 신동경 글·김은영 그림, 《공정 무역, 행복한 카카오 농장 이야기》 사계절, 2013.

참고 자료

- 121~125쪽 라라 브라이언, 앤디 프렌티스 글·페데리코 마리아니 그림, 《초등학생이 알아야 할 참 쉬운 시장과 경제》, 어스본코리아, 2020.

초등 사회 진짜 문해력 6-1

초판 1쇄 발행 2023년 2월 10일
초판 3쇄 발행 2025년 4월 3일

지은이 • 배성호 곽혜송 신봉석 이우철
그린이 • 김지하 제이비한 신이랑
펴낸이 • 황혜숙
편집 • 소인정
조판 • 이츠북스
펴낸곳 • (주)창비교육 | 등록 • 2014년 6월 20일 제2014-000183호 | 제조국 • 대한민국
주소 • 04004 서울특별시 마포구 월드컵로12길 7
전화 • 1833-7247 | 팩스 • 영업 070-4838-4938 편집 02-6949-0953
홈페이지 • www.changbiedu.com | 전자우편 • textbook@changbi.com

ⓒ 배성호 곽혜송 신봉석 이우철 2023
ISBN • 979-11-6570-190-1 73300

* 이 책 내용의 전부 또는 일부를 재사용하려면 반드시 저작권자와 (주)창비교육 양측의 동의를 받아야 합니다.
* 책값은 뒤표지에 표시되어 있습니다. * KC마크는 이 제품이 공통안전기준에 적합하였음을 의미합니다.
* 사용 연령: 5세 이상 * 종이에 베이거나 긁히지 않도록 주의하세요.